HIGHLIGHTS
SÜDAFRIKA

DIE **50** ZIELE, DIE SIE GESEHEN HABEN SOLLTEN

HIGHLIGHTS SÜDAFRIKA

Clemens Emmler

Roland F. Karl

BRUCKMANN

Die Vielfalt Südafrikas ist Faszination pur, in jeder Hinsicht: kulturell, landschaftlich, kulinarisch, architektonisch und ethnisch, wie die drei Girls am Strand von Kapstadt beweisen. Nicht zu vergessen sind die Vertreter des unüberschaubaren südafrikanischen Dschungelbuchs, das hier zwei langbeinige Grazien im Sabi Sand Game Reserve ausstellt.

Inhaltsverzeichnis

Kontraste könnten kaum größer ausfallen: Wenn Zulu-Tänzer in KwaZulu-Natal ihre archaisch anmutenden Vorstellungen geben, Serpentinenpisten sich durch traumhafte Gebirgslandschaften schlängeln und mediterrane Impressionen die Strandszene von Paternoster am Western Cape bestimmen.

Das Bühnenstück der landschaftlichen Reize operiert mit schnellen Szenenwechseln zwischen trockenen Halbwüsten (in der Karoo), saftigen Rebgärten (bei Stellenbosch), felsigen Küstenlandschaften (bei Boulders am West-Kap) sowie dichten Wäldern bei Tzaneen, durch die nicht nur die Debengeni Falls ihr sprudelndes Nass treiben.

Traumland Südafrika

Die Rainbow-Nation bietet starke Kontraste

»Ich bin Afrikaner. Mein Dasein verdanke ich den Hügeln und Tälern, den Bergen und weiten Ebenen, den Flüssen, den Wüsten, den Bäumen, den Blumen, den Meeren und den ewig wechselnden Jahreszeiten, die unser Geburtsland prägen.« So Thabo Mbeki (der damalige Vizepräsident und spätere Nachfolger Nelson Mandelas im Präsidentenamt) in einer viel beachteten Rede vor dem Nationalkongress in Kapstadt im Jahre 1996.

Während der Airbus zum Landeanflug unter die Wolkendecke sinkt, taucht schemenhaft auf, was als das schönste Ende der Welt gilt. Nur zu sehen ist manchmal davon wenig. Windböen schütteln die Maschine, Regen peitscht über das Rollfeld. Bei solchem Wetter bleibt die Drahtseilbahn zum Tafelberg, dem Wahrzeichen der Stadt, außer Betrieb. In Camps Bay, einem noblen Küstenvorort, verschwimmt alles, was ein Panorama sein könnte: Draußen stampfen Fünfzehnmeterwellen, weiß schäumend klatscht Gischt gegen die Aussichtsscheiben des »Bay Hotels«, wobei außer diesen wütenden Wellenbergen von der herrlichen Bucht nichts sonst zu erkennen ist. Das also ist Südafrika? Auch. Aber zur gleichen Zeit sind die sportiven Metropoliten Durbans mit ihren Surfbrettern unterwegs, zu den feinen, palmenbestandenen Stränden am Indischen Ozean, der immer warm ist, und

ein lockeres tropisches Lebensgefühl vermittelt. Vielleicht setzt unweit von Johannesburg, Südafrikas »City of Gold«, gerade eine Löwin zum Sprung an, während an der bildschönen Garden Route, in Port Elizabeth, ein brandneuer Volkswagen vom Band läuft. Und ganz sicher mühen sich zur selben Stunde Abenteurer in Allradfahrzeugen durch die wüstenhafte, dramatische Felslandschaft des Richtersveld, bei brutzelnden 50 Grad. Südafrika ist bunt und vielschichtig, mit modernen, lebensquirligen Metropolen, traditionsverbundenen Menschen, Landschaften von überwältigender Schönheit, mit saftigen Obstplantagen neben hitzeflirrenden Wüsten und herrlichen Weingärten. Endlose Sandstrände, zahllose Lagunen und pittoreske Buchten fehlen nicht.

Die Europäer kommen
Zuweilen erscheint die Regenbogen-Nation, wie sie wegen ihrer Bevölke-

Zwischen dem Kopfschmuck der alten San-Frau und den kunstvollen Perlenstickereien der Nbedele liegen Welten, die ebenso weit voneinander entfernt sind wie die musikalischen Klänge des Buschmanns vom Tagewerk der Erntearbeiter in den Teeplantagen Tzaneens.

rungsvielfalt genannt wird, aber auch derart kontrovers, dass es Besuchern den Atem verschlägt. Um sich darauf einlassen zu können, braucht es ein wenig Geschichte. Die spielte sich vornehmlich am Kap der Guten Hoffnung ab: Schon vor Vasco da Gama navigierte der Portugiese Bartolomeu Dias im Jahr 1487 um das strömungsreiche »Kap der Stürme«, 1503 gefolgt von seinem Landsmann Antonio de Saldanha, der vom Anblick des monumentalen Tafelbergs fasziniert war und ihn als Erster bestieg. Wenig später begeisterte sich auch der englische Admiral Sir Francis Drake, aber die Holländer machten das Rennen: 1605 besetzten Schiffe der »Vereenigde Oostindische Compagnie« die Tafelbucht, und 1652 erhielt Jan van Riebeeck offiziell den Auftrag, eine Versorgungsstation zu gründen. In der Folge wurden Sklaven aus Indien, Südostasien und Afrika hierher gebracht,

und aus dem anfänglichen Provisorium entwickelte sich schnell eine prosperierende Siedlung. Gouverneur Simon van der Stel, van Riebeecks Nachfolger, ließ Rebstöcke anpflanzen in der Hoffnung auf guten Wein, aber bevor ihm der richtig schmeckte, ging es mit den Holländern schon wieder bergab. 1795 erklärten die Engländer Kapstadt zur britischen Kronkolonie, woraufhin sich viele kapholländische Buren mit ihren Ochsengespannen auf die beschwerliche Reise ins Inland machten, wo es dann zwischen den weißen »Voortrekkern« und den dort herrschenden Zulus zu blutigen Gemetzeln kam. Und mit den Engländern. Denn die neuen Herren des Kaps setzten nach und besiegten ihre Vorgänger in zwei Burenkriegen (1880/81 und 1899 bis 1902). Für das Britische Empire öffnete sich eine Schatzkiste von berauschender Schönheit, klimatisch war die Neuerwerbung

ein Traum, außerdem strategisch hervorragend positioniert mit ihren 3000 Kilometer langen Küsten, an denen die Hauptschifffahrtslinie des gesamten Indien- und Südostasienhandels vorbeiführte. Und im Boden steckten Gold, Diamanten und andere wertvolle Bodenschätze in unvorstellbaren Mengen, was schnellen Reichtum verhieß.

Mit den dafür notwendigen Arbeitskräften wollten die weißen Herren allerdings möglichst wenig zu tun haben, was zum menschenverachtenden Gesellschaftsentwurf der Apartheid führte.

Moderne Verhältnisse brechen an

Eine Zeitenwende begann, als Nelson Mandela 1990 nach 27 Jahren Haft aus seiner Gefängniszelle auf Robben Island entlassen und als erster Schwarzafrikaner ins Präsidentenamt Südafrikas gewählt

wurde. Wer hätte das noch rund 30 Jahre vorher gedacht, als dunkelhäutige Musiker wie »Mother Africa« Miriam Makeba, der Trompeter Hugh Masekela oder der Pianist »Dollar Brand« Abdullah Ibrahim noch im Untergrund agieren oder ins Exil gehen mussten? Als Farbige oder Schwarze ihren »Cape Jazz« hinter dem Vorhang zu spielen hatten, während die weißen Kollegen auf der Bühne standen, weil es verboten war, gemischtrassig aufzutreten.

Südafrikas Zukunft hat Potenzial. Eine hervorragende Infrastruktur aus Straßen, Flug- und Zugverbindungen und ein modernes Kommunikationsnetz bieten gute Voraussetzungen für ein breites Wirtschaftswachstum. Immer noch spielen Bodenschätze eine bedeutende Rolle, aber auch Industrieproduktion und Handel laufen rund.

Südafrikanische Bildkunst stellt sich überall wie von selber ein, wie hier an der Strecke der N 1 mit fröhlichen Pick-up-Passagieren und erwartungsfrohen Obstverkäufern am Straßenrand. Für handfeste Kunstgegenstände ist der »African Art Shop« in Kapstadt mit sehr speziellen Objekten eine gute Adresse.

Weitere Informationen

Fremdenverkehrsamt

South African Tourism

Friedensstr. 6–10

60311 Frankfurt

Service-Telefon: 0800 - 118 9 118

(kostenfrei)

Fax 069 28 09 50

E-Mail: info.de@southafrica.net

Internet: www.southafrica.net

Info-Telefon:

Österreich: 0820 - 500 739 (0,14/Min.)

Schweiz: 0848 - 663 522 (0,14/Min.)

Informationen im Internet:

www.suedafrika-guide.de, www.suedafri-ka.net,

www.southafrica-travel.net,

www.linx.co.za, www.sa-reise.de,

www.southafricaclub.de,

www.tierischsuedafrika.de

Im Land der wilden Tiere

In stetig steigender Zahl ziehen Südafrikas unerschöpfliche Paradieslandschaften Besucher aus aller Welt an, was den Tourismussektor zu einem der stärksten Märkte des Landes macht – tatkräftig unterstützt vom umwerfenden Charme seiner Bewohner sowie den hilfreichen vierbeinigen »Kollegen« des südafrikanischen Dschungelbuchs. Für sie werden zerstückelte Farmgebiete renaturiert, also wieder zu ursprünglicher Wildnis. Für sie werden bestehende Nationalparks mit jenen der Nachbarländer vereint, um grenzenlose *transfrontierparks* zu schaffen. Was gut für den Tierschutz ist, aber keinesfalls nur der Ökologie dient, denn vor allem Arbeitsplätze sind wichtig. Und die entstehen zunehmend auch im Naturschutz. Allein der Krüger-Nationalpark, ein Großunternehmen der Sparte *wildlife management*, zählt 9000 Elefanten, 20 000 Büffel und 3000 Weiße Nashörner. In allen Nationalparks zusammen (insgesamt sind es 21, dazu kommen noch an die 600 unterschiedlichsten Schutzgebiete) grasen rund 100 000 Impala-Antilopen als Löwen- und Leopardenfutter, vor den Küsten kreuzen Blauwale, die bis zu 33 Meter lang werden, 850 Vogelarten gehen hier in die Luft, 100 Schlangenarten und riesige Krokodile sind am Boden und zu Wasser auf Beutefang. Unüberschaubar bleiben die Mengen an Zebras, Giraffen, Gnus, Flusspferden und den vielen anderen aus der Gruppe der Säugetiere, die über 200 Arten auflistet. Auch deshalb ist Südafrika eines der gefragtesten Reiseziele der Welt, was jährlich um die acht Millionen Besucher ins exotische Paradies der Wildtiere einfliegen lässt. Eine Viertelmillion davon kommt allein aus Deutschland.

Das schönste Ende der Welt thront mit einer imposanten Kulisse über dem Süd-meer und hat so schon die frühen See-fahrer bei der Umrundung beeindruckt. Im 18. Jahrhundert hielten Weingärten (bei Franschhoek), die Straußenzucht (bei Oudtshoorn) sowie Nationalparks (Storms River, Tsitsikamma) Einzug ins wilde Land.

Western Cape

Die imposante Umgebung Kapstadts entführt Wanderer in die farbenfrohe Welt des Fynbos rund um den Tafelberg und auf ebenso aussichtsreiche Tracks am Lion's Head bei Clifton (oben). Ein Blick auf die Bucht zeigt: Clifton (rechts unten) ist sicher nicht die schlechteste Adresse Metropolitan Cape Towns (rechts oben).

1 Das schönste Ende der Welt: Cape Town

Südafrika vom Feinsten

Die beeindruckendste Landschaft, die besten Weine, die teuersten Wohnlagen, der frappierendste Jazz, die prächtigste Kolonialarchitektur – am »Kaap die Goeie Hoop« zeigt sich das Südafrika der Superlative. Gleichzeitig schlägt hier das Herz der Geschichte.

Der Panoramablick vom Aussichtspunkt Signal Hill auf Table Mountain, Lion's Head, den Atlantik und Robben Island gehört zu den ergreifenden Momenten einer Südafrikareise: auf der einen Seite die Gefängnisinsel Nelson Mandelas, auf der anderen die hinreißende Skyline Kapstadts. Vom Wahrzeichen der Stadt aus, dem Tafelberg, ist er sogar noch einen Tick schärfer: Bei klarer Sicht breiten sich tief unten die Wasserflächen des Atlantiks wie glitzernde Spiegel um das Häusermeer von »Metropolitan Cape Town« aus.

Spektakulär: der Meeresberg

Wenn aber der berüchtigte »Cape Doctor« weht, die strenge Brise aus Südost, wird es nichts mit den grandiosen Aussichten auf das schönste Ende der Welt. Dann bläst der kräftige *southeaster* den Smog aus der Stadt in Richtung Berge – was ihm seinen therapeutischen Spitznamen verschafft – und dem Tafelberg seine Wolkentischdecke weg, die alles verhüllt. Weshalb der Programmpunkt Table Mountain bei stahlblauem Wetter

oberste Priorität hat. Hinauf lässt es sich auf einer Reihe gut beschilderter Routen wandern, oder schnell und bequem mit der Drahtseilbahn schweben. Die 1929 installierte Kabinenbahn dreht beim Auf und Ab ihre Made-in-Switzerland-Gondeln zur 360-Grad-Perspektive und schafft in sieben Minuten bis zu 70 Personen auf einen Schlag hinauf. »Hoeri 'kwaggo« nannten ihn die Khoi, die Ureinwohner des Kaps, ihren Meeresberg, diesen mächtigen, abgeflachten, 6000 Hektar großen und 1087 Meter hohen Sandsteinfelsen, der über der Stadt thront. Besucher erwartet oben ein sensationelles Panorama und ein liebliches Naturschutzgebiet mit zahlreichen Wanderwegen durch eine artenreiche Fynbos-Vegetation, die für das Kap typische Flora mit zahlreichen kleinwüchsigen Pflanzen. In der Ferne ragt Robben Island, die legendäre Gefängnisinsel, aus dem Tiefblau des Atlantiks. Das Mahnmal gegen die Apartheid, früher ein Gefängnis, in dem auch Nelson Mandela viele Jahre verbringen musste, ist inzwischen als National Monument

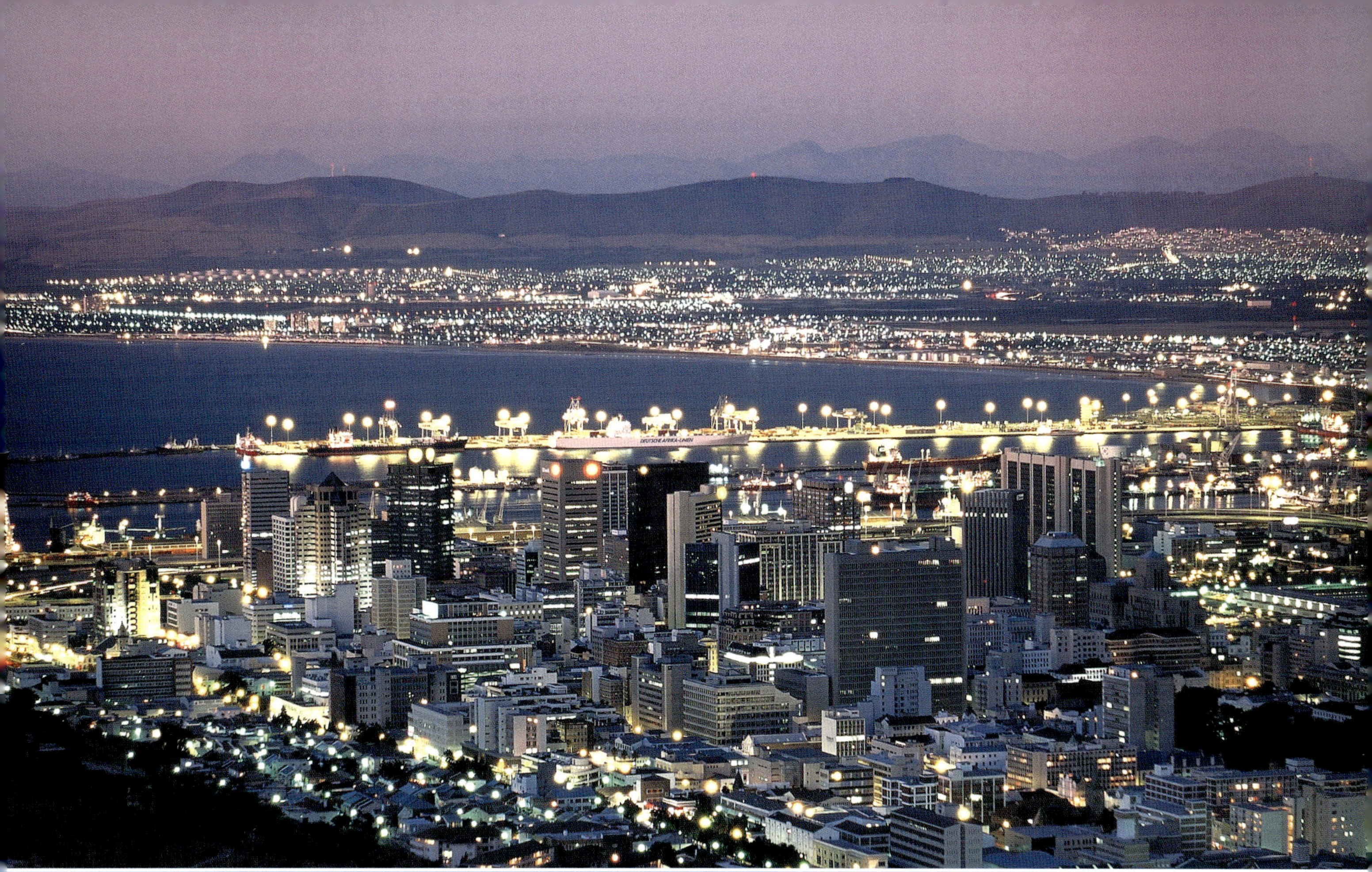

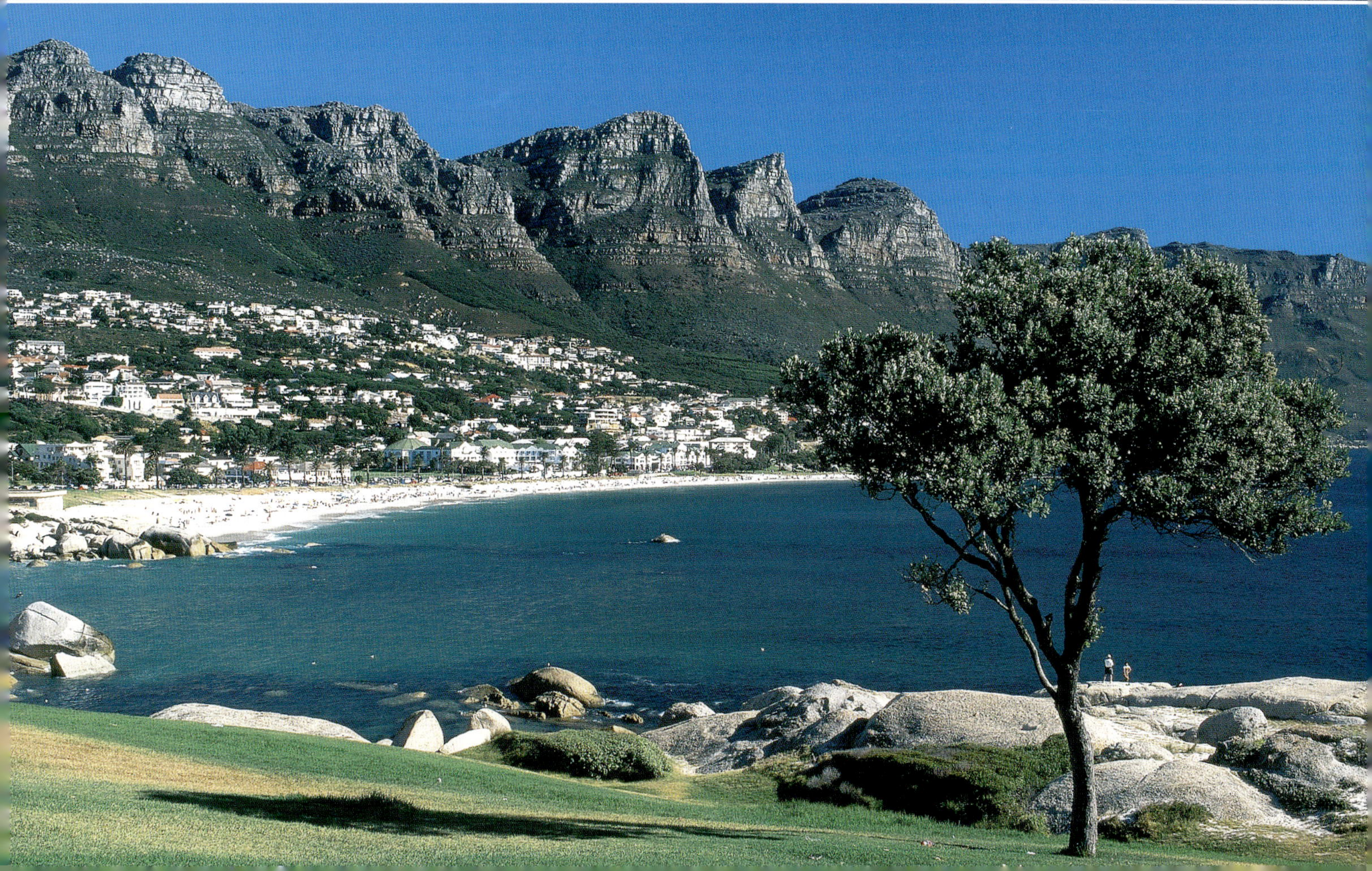

Sightseeing vom Feinsten: Blick über Cape Towns Waterfront bis zum Tafelberg, auf Kapstadts »City Bowl« sowie auf den viel fotografierten Prachtbau seiner »City Hall«. Das farbenfrohe Bo-Kaap mit Lion's Head im Hintergrund ist längst zu einem nachgefragten Szene-Viertel avanciert.

ein Besuchermagnet und steht auf der UNESCO-Liste des Weltkulturerbes.

Downtown: Kapstadts »City Bowl«

Mitten im Häusermeer liegt Kapstadts historische Innenstadt, eingebettet zwischen Signal Hill, Lion's Head und dem Tafelberg. Auch wenn 1798 eine Feuersbrunst den größten Teil der alten Hafenstadt niedergewalzt hat, wird die städtebauliche Perle wegen ihres historischen Erbes, ihrer Lage und der traumhaften Umgebung mit Sydney, Rio de Janeiro und San Francisco in einem Atemzug genannt.

Nicht verbrannt ist damals Kapstadts ältestes Gebäude, die Wehrfestung Castle of Good Hope (1666–1679). Sie war einst Sitz des Gouverneurs sowie Militärstützpunkt und ist heute ein imponierendes Zeugnis aus der Zeit der frühen Besiedlung. Hinter ihren Mauern dokumentieren Ausstellungen Kapstadts Vergangenheit: die William Fehr Collection (Möbel, Gemälde, Porzellan, 17. bis 19. Jahrhundert), das Military Museum (alte Waffen und Uniformen) und die Good Hope Gallery (zeitgenössische südafrikanische Kunst). Außerdem residiert hier das Armeekommando der westlichen Kapprovinz, und so ist täglich die Wachablösung zu sehen, in Soldatenkluft von anno dazumal.

Vor der imposanten Kulisse des Tafelbergs ragt Kapstadts City Hall auf, ein Mix aus Kolonialarchitektur und italienischer Renaissance (1905). Auf der Grand Parade, ihrem Vorplatz, wurde Nelson Mandela nach seiner Freilassung begeistert von der Bevölkerung empfangen. Eine Parallelstraße weiter steht die Groote Kerk, das älteste erhaltene Gotteshaus

des Landes, mit schönem Interieur; die Rokokokanzel schnitzte 1766 der deutsche Bildhauer Anton Anreith. Beim nächsten Kirchturm werden historische Bischofsgräber und prachtvolle Altäre von der südafrikanischen Neuzeit überholt: In der St. George's Cathedral trat Erzbischof und Friedensnobelpreisträger Desmond Tutu mutig gegen Rassismus und Apartheid ein, als das noch sehr gefährlich war.

Shoppen ohne Ende

Die gewandelte Atmosphäre Kapstadts lässt sich am besten in seiner Fußgängerzone, der St. George's Mall, spüren. In der altehrwürdigen City von einst bevölkern nun Musiker, Straßenhändler, Souvenir- und Blumenverkäufer Plätze und Trottoirs. Besonders lebhaft geht es auf dem Green Market Square zu, das Angebot an Tierminiaturen aus Holz oder Stein, an Masken, Tüchern, Schalen, Schnitzwerk und Schmuck aller Art ist unüberschaubar. *Shop'til you drop*, lautet das eigentliche Hauptthema der Stadt, denn mit seinen unzähligen Malls (allein Cavendish Square und Canal Walk bieten über 600 Geschäfte) zählt Kapstadt zu den begehrtesten Shopping-Mekkas der Welt!

Rings um den Platz bezaubernde Artdéco-Fassaden, vom Muller & Sons House beispielsweise oder dem Old Mutual Building und den Kaufhäusern Ackermans und Cuthberts. Am tollsten geht es *downtown* in der ersten Januarhälfte zu, wenn der Cape Minstrels Carnival (auch Coon Carnival genannt) der *cape coloureds* und Malaien farbenfroh und ausgelassen durch die Straßen der Altstadt zieht.

Kunst, Kultur und buntes Leben

Bei einer historischen Entdeckungsreise ständen noch mindestens ein Dutzend Museen auf der Liste: das South African Museum zum Beispiel oder das Bertram House, das Jewish Museum, die South African National Gallery oder das Cultural History Museum. Adderley Street, die Haupteinkaufsstraße, sowie Long Street mit ihren herrlichen viktorianischen Gebäuden, in denen sich eine Welt aus Antiquariaten, Szenekneipen, Musik- und Coffeeshops ausbreitet, dürfen bei einem Stadtrundgang natürlich genauso wenig fehlen wie das farbenprächtige Bo-Kaap. Dieses muslimisch geprägte Malaienviertel am Fuß des Signal Hill ist mit seinen bunten Häusern und Moscheen, zwischen denen sich der Duft von Curry, Kokosmilch und exotisch gewürzten Soßen ausbreitet, einer der fotogensten Viertel Kapstadts. Ausruhen ließe es sich in Cape Towns Stadtpark The Company's Gardens, den einst Stadtgründer Jan van Riebeeck als Plantage für Gemüse und Obst anlegen ließ. Seit 1909 beobachtet Diamantenkönig Cecil Rhodes, einer der vermögendsten und einflussreichsten weißen Afrikaner, von hier aus Kapstadts neuzeitliche Entwicklungen – als Bronzedenkmal. Zur Fotopflicht gehören das Old Town House (1755), das Präsidentenpalais De Tuynhys (1680) sowie die Houses of Parliament (1885). Außerdem sehenswert ist die berühmteste Kapstädter Luxusherberge, das legendäre Mount Nelson Hotel (1743), sowie eine zeitgenössische Attraktion, die Victoria & Alfred Waterfront: Der quirlige Publikumsmagnet aus Glas und Chrom rund um die beiden Hafenbecken ist Kapstadts größtes Shopping- und Vergnügungsviertel. Malls, Restaurants, Bars, schrille Geschäfte (über 240 Boutiquen und Shops) sowie ein- und auslaufende Schiffe machen die schick restaurierte Hafenanlage zu einer herausragenden Attraktion.

Ruhe von der Riesenstadt

Wer sich vom aufregenden Nachtleben erholen muss, findet auch ruhige Nahziele. Zum Beispiel Kirstenbosch National Botanical Gardens, dessen weitläufiges Areal zu Füßen des Tafelbergs der Diamantenmagnat Cecil Rhodes 1902 dem Staat vermacht hatte. Kirstenbosch zählt mit insgesamt mehr als 6000 Pflanzenarten (blühende Protea, zahllose Farn- und Erikaarten, Fackellilien, Strelizien) zu den schönsten botanischen Gärten weltweit und verschafft den musikvernarrten Capetonians mit seinen »Sommer Sunset Concerts« zwischen Dezember und März herausragende kulturelle Highlights. Natürlich hat die Stadt zwischen den Ozeanen auch noch romantische Küstenabschnitte mit farbenfrohen Fischereihäfen, Steilklippen, verträumten Buchten sowie herrlichen Stränden zu bieten. Nur einer von vielen ist Bloubergstrand, 25 Kilometer von der City entfernt, aber aus speziellem Grund einer der schönsten: Von hier aus lässt sich das am häufigsten fotografierte Bild Cape Towns in natura bewundern, mit dem Tafelberg als imposante Kulisse. Wem dieses Kapstadt auf die Dauer zu schön ist, der sollte zur Vervollständigung seiner Eindrücke eine Exkursion zu den *cape flats* unternehmen. Die Townships der schwarzen und farbigen Einwohner Kapstadts gehören auch zum »schönsten Ende der Welt« dazu.

MOTHER CITY, RAINBOW NATION

Weitflächig umlagern Wohnquartiere aus Wellblech, Beton, Pappkarton und sonstigen einfallsreichen Baumaterialien Cape Town und beherbergen Millionen ihrer weniger privilegierten »Kinder«. Ein Besuch der sogenannten Townships lohnt sich, die Gastfreundschaft ist mehr als herzlich, hier pulsiert die afrikanische Seele der Stadt. An der Seite einheimischer *guides* erhält das Bild der schönsten Stadt der Welt seine bedeutendste Komplementärfarbe. Die Township Khayelitsha, über eine Million Einwohner, empfängt Touristen mit seinem brandneuen Lookout Hill Tourist Centre und organisiert professionelle Touren. Die umfassendsten Infos bietet www.CapeTownMagazine.com zusammengestellt unter Cape Town/Townships.

WEITERE INFORMATIONEN ZU KAPSTADT

In Afrika: Cape Town Tourism, info@tourismcapetown.co.za, www.tourismcapetown.co.za
In Deutschland: Abendsonne Afrika, www.abendsonneafrika.de

Die schönste Küstenstraße der Welt

Auf dem Chapman's Peak Drive zum Kap der Guten Hoffnung

Niemand hätte eine Trasse für möglich gehalten, als die Straßenbauer 1915 mit den Arbeiten der elf Kilometer langen Strecke zwischen Hout Bay und Noordhoek begannen. Nach sieben Jahren war das Wunderwerk fertig. Und wurde zu einer der spektakulärsten Panoramarouten ganz Afrikas, die um die Jahrtausendwende durch Felslawinen und Erdrutsche ihr vorläufiges Ende fand. Nach umfangreichen Baumaßnahmen ist der Chapman's Peak Drive nun wieder geöffnet.

The Atlantic Seaboard«, wie die Capetonians ihre Riviera nennen, beginnt an der Victoria & Alfred Waterfront und zieht sich von hier über Mouille Point, Three Anchor Bay, Sea Point, Bantry Bay, Clifton, Camps Bay bis nach Llandudno und Hout Bay. Wobei Camps Bay und Clifton zweifelsfrei zu den besten (und teuersten) Adressen Kapstadts zählen. Am Boulevard von Camps Bay parken schwere Harley-Davidson-Maschinen neben feinen, offenen Oldtimer-Sportwagen vor noch feineren Cafés, Bars und Restaurants. Hier beginnt Kapstadts Palm Beach oder, wenn man so will, seine Copacabana. Dahinter steigen als beeindruckende Kulisse die Twelve Apostel und der Tafelberg auf.

Hier leben die Betuchten

Als Nächstes wird das Millionärsparadies Llandudno zum gefragten Kamerastopp: So wohnen sie also, die Schönen und die Reichen, wird es jedem durch den Kopf gehen, der sein Objektiv auf die luxuriösen Anwesen oberhalb von Llandudnos Superstrand fokussiert. Am Hout Bay Neck geht es an den fast 800 Meter hohen Felsklippen Judas Peak und Little Lion's Head vorbei ins Zentrum der Langustenfischerflotte, Hout Bay. Das mit seinen bunten Booten eine Atmosphäre wie Tromsø im norwegischen Sommer verbreitet: Im Halbkreis umragen pittoreske Bergspitzen die tiefblaue Atlantikbucht, farbenfroh leuchten die Trawler der Fangflotte sowie zahlreiche kleinere Fischerboote in der Sonne, Robben tummeln sich im Hafenbecken, Möwen durchkreuzen die friedliche Szene, die so schön ist wie Postkartenkitsch. Aber Realität. Klar, dass hier während der Hochsaison kaum ein Parkplatz zu ergattern ist und die pittoreske Idylle von Besuchern geradezu überrannt wird. Nirgendwo sonst, heißt es, sei der Fisch besser als in Hout Bays Mariner's Wharf. Wie wäre es also mit fangfrischen

Nicht nur für Besucher: Einer beneidenswerten Lebensqualität können sich die Capetonians täglich erfreuen bei der Fahrt über den Chapman's Peak Drive, beim lustigen Bühnenstück der Pinguine am Boulder's Beach (oben) oder bei einem klassischen Ausritt am Traumstrand von Noordhoek (rechts).

Austern, Muscheln, Langusten, Tintenfisch oder Hummer am Fisch-Imbiss auf die Schnelle?

Kurvenwunder

Weitere Preziosen warten gleich um die Ecke. Denn hier beginnt der Chapman's Peak Drive, der Hout Bay mit den Strandorten Noordhoek und Kommetjie verbindet. Mit sensationellen Ausblicken: Hunderte Meter fallen steile Klippen von der kurvigen Serpentinenstraße schroff ab ins Meer, was den Lenkern hinter dem Steuer eiserne Disziplin abverlangt, während die Mitfahrer unbesorgt in ein traumhaftes Küstenparadies blicken. Einer der markantesten Haltepunkte ist Chapman's Point mit spektakulärer Sicht auf die menschenleere Chapman's Bay. Bei einer Gesamtlänge der südafrikanischen Küste von 3600 Kilometern sind Strände auch in der Nähe der Kap-Metropole keine Mangelware. Der »Long Beach« im ländlichen Noordhoek

macht mit acht Kilometern seinem Namen alle Ehre. Das gemütliche Kommetjie wartet mit seinem 33 Meter hohen Slangkoppunt-Leuchtturm (1919) auf, das abseits von jeglichem Trubel gelegene Scarborough bietet Ruhe suchenden Strandspaziergängern das geeignete Ambiente. White Sands und Misty Cliffs heißen hier Strände, die bei hohen Windgeschwindigkeiten im Winter vor allem Surfer anlocken, und ganzjährig Reiter, die auf den weiten Sandflächen ihr Eldorado finden.

Die False Bay an der Ostseite

Badefreunde sind auf jeden Fall auf der anderen Seite der Kap-Halbinsel auf der richtigen: in der False Bay, wo nicht der kalte, antarktische Benguela-Strom die Wassertemperaturen bestimmt, sondern der Indische Ozean, dessen wärmere Schichten die Passatwinde in die Bucht hineintreiben. Der kuriose Name geht auf Fehlnavigationen der frühen Seefah-

Surfer am Strand von Llandudno (rechts) an der Traumbucht des Nobelvororts (rechts oben) sowie das schmucke Kommetjie Lighthouse. Erfolgreiche Fischer in Hout Bay, Kids vor den bunten Strandhütten bei St. James, Papageienfreund im kuriosen »Antiques Shop« in Kalk Bay (oben).

rer zurück, die nach ihren beschwerlichen Rückfahrten aus Indien dachten, dies sei nun endlich die Tafelbucht. Aber da hatten sie sich zu früh gefreut und ankerten irrtümlich am falschen Platz. Einer der umtriebigsten Orte der »falschen Bucht« ist das 10 000 Einwohner zählende Seefahrerstädtchen Simon's Town. Benannt nach dem ersten Kap-Gouverneur Simon van der Stel, bietet das historische Bilderbuchstädtchen ein hübsches viktorianisches Ambiente. Im Hafenbecken ankern Kriegsschiffe der südafrikanischen Marine einträchtig neben luxuriösen Segelyachten – in Sichtweite des nicht selten sturmumtosten Leuchtturms Roman Rock, der seit 1861 an der False Bay vorbeifahrenden Schiffen den Weg weist. Ganz in der Nähe, am Boulder's Beach, bilden Tausende Brillenpinguine eine lautstarke und gut riechbare Kolonie. Nicht weit von Simon's Town wartet mit Kalk Bay ein pittoresker Fischereihafen auf Besucher, die mittags, wenn die Boote der Fangflotte zurückkehren, frischen Fisch gleich von der Mole weg kaufen. Die Fischmarktatmosphäre hat eine verlockende Gastronomie hervorgebracht sowie im Gefolge kunterbunte Antiquitä-ten- und Trödelläden, Boutiquen mit Kunsthandwerk oder Schmuck aller Art, sowie eine lebhafte Künstlerszene, was immer mehr Durchreisende anzieht. Und so scheint es nur eine Frage der Zeit, bis sich das bislang eher bodenständige Kalk Bay auf der Liste der Szenetreffs dieser Region wiederfindet. Von hier aus führen Bootsausflüge nach Seal Island, wo eine Seehundkolonie geruchsempfindliche Nasen erschreckt. Muizenberg Beach, der letzte Stopp auf der Traumstraße rund um die Halbinsel, ist neben Buffelsbaai, Boulders, Fish Hoek und Seaforth das beliebteste Strandbad für Schwimmer und Surfer an der False Bay, und das schon seit dem 19. Jahrhundert. Weshalb sich hier – wie im benachbarten Badeort Saint James – die farbenfrohen Badehäuschen finden, die in keiner Werbebroschüre Südafrikas fehlen. Berühmte Persönlichkeiten wie der erste Premier der Kap-Kolonie, Cecil Rhodes, Dschungelbuch-Autor Rudyard Kipling und die Erfinderin des Kriminalromans, Agatha Christie, sind hier schon in Sichtweite der katholischen Saint James Church (1858) ins Wasser gestiegen, mit Blick auf feine Fassaden viktorianischer Architektur.

ATTRAKTIONEN RUND UM DIE KAP-HALBINSEL

In Camps Bay: Theatre on the Bay, Bühnen- und Konzertveranstaltungen, Cabaret-Café, www.theatreonthebay.co.za

In Hout Bay: Chapman's Peak Beach Hotel, www.chapmanspeakhotel.co.za

Zwischen Camps Bay und Hout Bay: Twelve Apostles Hotel, direkt am Atlantik, www.12apostleshotel.com

Herrlich zu wandern: Der Chacma Trail führt in zwei Tagen über 31 feinste Kilometer vom Cape Point bis nach Simon's Town, vorbei am Judas Peak und den Swartkop Mountains, Cape Town Mountain Trails, chacmatrail@absamail.co.za

WEITERE INFORMATIONEN ZUR CAPE-POINT-ROUTE

Websites: www.capepointroute.co.za, sowie www.capetowneguide.com

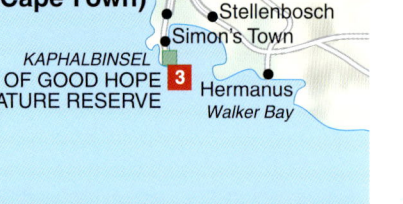

Der Platz hat Magie: Wer es bis zum Kap der Guten Hoffnung geschafft hat, der kann andere geografische Extremitäten wie das Nordkap oder Kap Hoorn getrost vergessen. So berauschend wie hier, mit Blick auf den Leuchtturm, und dann fototechnisch ideal positioniert am »Cape of Good Hope«-Beweisschild, wird es nirgendwo mehr sein.

3 Die schönste Lüge der Welt: Cape Point

Der südlichste Punkt Afrikas?

An einem stahlblauen Tag ist der Besuch des Cape Point ein besonderes Ereignis: 7000 Kilometer jenseits des Atlantiks liegt Südamerika, 10 000 Kilometer in die andere Richtung, im Pazifik, Australien und 5000 Kilometer geradeaus die Antarktis. Vom Kap-Felsen auf die größte zusammenhängende Wassermasse der Welt zu blicken, hier, wo die Ozeane sich treffen, das ruft schon ergreifende Gefühle hervor.

Mit etwas Glück begeistert herrliches Fotolicht Hunderte Besucher aus aller Welt, die frühmorgens schon mit der Seilbahn zur Aussichtsplattform und zum Leuchtturm hinauffahren. Am Kap der Guten Hoffnung stellen sich Kleingruppen mit perlenden Champagnergläsern vor der Texttafel »Kaap die Goeie Hoop / Cape of Good Hope« zum Erinnerungsbild auf. Möglicherweise ist es inzwischen das meistfotografierte Schild der Welt, neben dem berühmten Pendant am Nordkap Nordnorwegens.

Touristenmagnet mit Wachstumspotenzial

Ganz sicher sei das bald so, hatte Jo, ein indischstämmiger Busfahrer, bei einem Besuch kurz nach dem Fall der Apartheid behauptet. Jedenfalls, sagte er damals, wenn Mandela es schaffe, die hochgesteckten Erwartungen von 40 Millionen farbigen Südafrikanern zu erfüllen, dann würden unzählige Fotolin-

sen nach Südafrika einfliegen und ebenso viele Weinflaschen wieder hinaus. Heute ist die Acht-Millionen-Marke statistische Realität und der Reisesektor eine tragende Säule der südafrikanischen Wirtschaft. Allein aus Deutschland besuchen jährlich über 250 000 das Traumland am Kap. Tendenz steigend. Auch die Weinflaschen haben sich längst einen Platz in den Regalen der Welt verschafft, und die Winzer erwirtschaften Rekordzahlen. Tendenz weiter steigend.

Hoffnungsschimmer für Seefahrer

Aber wen könnte das wirklich interessieren von denen, die hier hoch oben auf dem Felsen des Cape of Good Hope Nature Reserve aufgeregt auf die endlose Weite der beiden Ozeane blicken? In dem Bewusstsein, an der äußersten Südspitze des afrikanischen Kontinents zu stehen. Oder stimmt das so etwa nicht? Was, wenn sich bei all den bewegenden Gefühlen hier oben das alles als geogra-

fische Täuschung entpuppte – so, wie es auch bei der False Bay gleich nebenan der Fall war? Tatsächlich: Erst 140 Kilometer südöstlich von hier, am Cape Agulhas, dem »echten« Kap, treffen der Atlantische und der Indische Ozean aufeinander. Genau hier liegt er geografisch korrekt, der »Southernmost Point of Africa«. Und nicht, wie die meisten glauben, am Kap der Guten Hoffnung. Das übrigens deshalb so heißt, weil es oft vernebelt und seiner Strömungen wegen gefährlich war und obendrein für die alten Seefahrer der Wendepunkt vor der hoffentlich glücklichen Heimreise. Jedenfalls war der alte Cape-Point-Leuchtturm mit seinen 2000 Kerzen für die Schiffe da draußen ein Segen: Auf dem 249 Meter hohen Cape Point Peak leuchteten sie zwischen 1860 und 1919 bis zu 70 Kilometer weit hinaus auf die

See. Erst nachdem 1911 der portugiesische Dampfer »Luisitania« am Kap zerschellt war, reichte der bloße Kerzenschein nicht mehr. Seit 1939 steht ein großer Teil der Kap-Halbinsel wegen seiner einzigartigen typischen Fynbos-Vegetation mit Orchideen, Proteen und Dutzender Arten von Erika unter Naturschutz. Auch die Fauna hat einiges zu bieten: Neben 250 Vogelarten sind hier Antilopen, Zebras, Echsen, Strauße und diverse Bockarten zu Hause, ebenso wie die giftige Puffotter und die Kobra. Allerdings werden eher die hier ansässigen Paviane zum Problem, die arglosen Touristen ihre unerwünschte Aufwartung machen und Sonnenbrillen, Handtaschen oder Autoschlüssel entwenden. Wer im Wagen bleibt und die Fenster geschlossen hält, ist auf jeden Fall auf der sicheren Seite.

SOUTHERNMOST POINT

Der Frühling ist die beste Reisezeit am Kap, denn dann sind zahlreiche Wale unterwegs und von Land aus gut zu beobachten. Warme Kleidung sowie Sonnenschutz sind wichtig, weil hier das Wetter launisch sein kann. Treppen führen vom Parkplatz hinauf zum Cape Point Old Lighthouse, bequemer schafft es die Seilbahn. Vom Besucherzentrum Buffelsfontein (Rangerstation, Restaurant, Souvenirboutiquen und Aussichtsterrassen) führt ein Weg zum eigentlichen Kap der Guten Hoffnung hinunter, wo am weltberühmten Schild die Beweisfotos erfolgen.
Tipps für Wanderfreunde: Cape of Good Hope Hiking Trail (zweitägig, 40 Kilometer), Shipwreck Trail (zweistündig, sieben Kilometer). Cape of Good Hope Nature Reserve, www.tmnp.co.za

WEITERE INFORMATIONEN ZU CAPE POINT

Buffelsfontein Visitor's Centre sowie **Cape Point Route:**
www.capepointroute.co.za

Cape Point (oben) und das Kap
der Guten Hoffnung, das ins Stahlblau des Atlantiks hineinragt,
befeuern die Sehnsucht von Millionen Besuchern aus aller Welt,
wenigstens einmal im Leben
genau hier zu stehen – und sich
ergreifen zu lassen.

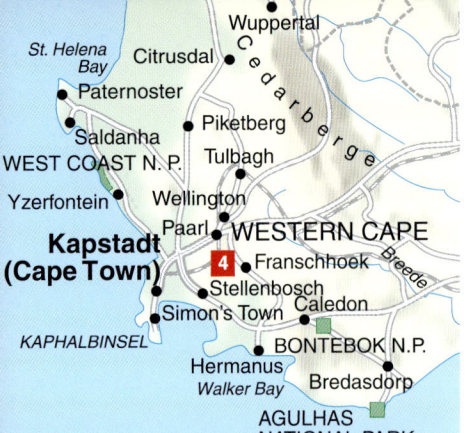

4 Am Kap der guten Weine

Edle Tropfen: Stellenbosch, Paarl und Franschhoek

Am Fuße der Hottentotsholland-Berge, wo die Rebstöcke sauber in Reih' und Glied gesteckt sind so weit das Auge reicht, liegt die »klassische« Weinroute; hier tauchen Südafrika-Besucher in die Welt der Trauben ein. Mehr als ein Dutzend solcher »Wine Routes« haben sich inzwischen etabliert, und es ließe sich sogar auf einer »Brandy Route« rund ums Kap wandern!

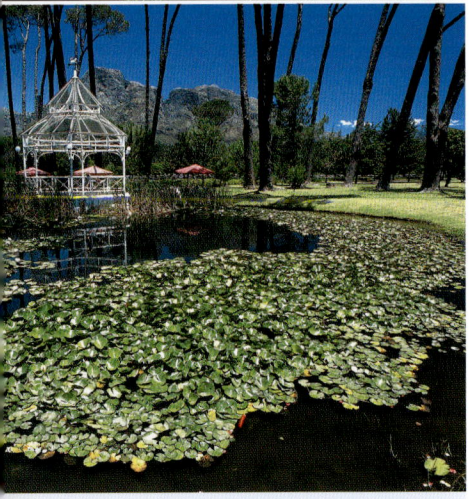

Bilder wie aus glücklichen Träumen: Die Weingüter »Vergelegen Estate« in Somerset West sowie »Boschendal Wine Estate« (oben) mit stilvollem Ambiente und kostbaren Interieurs lenken den Blick wohltuend in die Vergangenheit. Was jeden der edlen Tropfen zu einer noch viel tieferen Reife bringt.

Im späten Sonnenschein leuchten kapholländische Gutshäuser zwischen den Weinbergen, in friesischem Stil, mit Sprossenfenstern, Reetdächern, rustikalen Holzbalkendecken. Leicht könnte derlei Romantik darüber hinwegtäuschen, dass der Weinanbau in Südafrika ein nach modernsten Gesichtspunkten geführter Markt ist, der mit hochwertigen Produkten stark im internationalen Wettbewerb steht. Die Anbaugebiete teilen sich in zwei große Hauptregionen: In das vom Atlantik beeinflusste Küstengebiet und das durch Bergketten von der Küste getrennte Inland. Auf über 110 000 Hektar Rebstockfläche werden von zahlreichen Kleinbauern, Kooperativen und Großweingütern rund 3000 verschiedene Weine produziert, wobei die Lese hier Anfang Januar beginnt. Der Ernteertrag liegt mit über zehn Millionen Hektolitern so hoch wie der bundesdeutsche, mit Rebsorten wie Sauvignon Blanc, Chenin Blanc, Chardonnay, Colombar und Cabernet Sauvignon. Der Riesling, vornehmlich deutschen Weintrinkern bekannt, geht hier mit nur einem mageren Prozent ins Gesamtergebnis ein.

Nederburg im Paarltal

Dabei ist der deutsche Einfluss auf den Weinbau am Kap nicht unerheblich mitverantwortlich für die heutigen Spitzenweine »Made in South Africa«. Pauline vom Weingut Nederburg schließt die Augen und lässt genüsslich einen Schluck heimischen Gewürztraminer über den Gaumen rollen. Dann steigt die professionelle Verkosterin erst einmal in die Geschichte ein: 200 Jahre Weingut Nederburg, erfährt der Besucher, und dass es um 1940 ein Johann Georg Graue war, der mit geschärftem Blick die idealen Bedingungen für den Weinbau am Kap ausmachte, nämlich trockene Böden, kühle Winter, reichlich Sonne und ausreichend Regen, kurzum, ein hervorragendes mediterranes Klima. Graue brachte Technik und Wissen aus Deutschland mit und schickte später Sohn Arnold in die alte Heimat zurück,

Fröhliche Weinlese auf »Constantia« (oben), prachtvolles Gutshaus des »Lanzerac Estate« vor den Helderberg Mountains (Mitte) und Kurioses im Trödelladen »Oom Samie se Winkel« in Stellenboschs Dorpstraat (unten). Probieren geht über Studieren: Dies gilt auch für die edlen Rebsäfte des »Waterford Estate« bei Stellenbosch (rechts).

um ihn an der Weinbaufachschule in Geisenheim am Rhein ausbilden zu lassen. Im Rückreisegepäck hatte der Junior ein wissenschaftlich aufgebautes Rebveredlungs- und Pflanzmaterialprogramm. Sowie – mit der aus dem Rheingau stammenden Gärführung unter niedrigen Temperaturen – eine neue Kellertechnik. Bald schon hagelte es Goldmedaillen und erste Preise. Bedingt durch den Apartheidsboykott konnten südafrikanische Winzer lange nicht zeigen, was in ihnen beziehungsweise in ihren Flaschen steckte. Heute haben sie trotz langer Frachtwege längst die internationalen Märkte erobert. Als Preisfaktoren zählen der günstige Wechselkurs, die Lohnsituation im Lande sowie das ausgezeichnete und verlässliche Klima. In langen Reihen sind im Weingut Nederburg neben modernsten Kelter- und Tankanlagen prächtige Eichenfässer aufgestellt, *made in Germany*. Nach der Kellerführung schweift der Blick über das fruchtbare Paarltal, das wie gemalt vor den Drakenstein-Bergen im milden Sonnenlicht liegt. Eigentlich ist der Wein Jan van Riebeeck zu verdanken. Nachdem der 1652 in der Table Bay sein Basislager aufgeschlagen hatte, nervte er seine Vorgesetzten bei der East India Company, ihm doch bitte bald Weinstöcke aus Spanien, Frankreich und Deutschland zu schicken. Sieben Jahre später war in seinem Tagebuch zu lesen: »Heute, Gott sei's gelobt, wurde zum ersten Mal aus Trauben vom Kap Wein gepresst!« Über die Qualität des Getränks vermerkte er allerdings nichts. Nach ausgiebiger Weinprobe steht jedenfalls fest: Favorit für heute war der Nederburg Noble Late Harvest, eine edle Spätlese.

Stellenbosch – Weine nach alter Tradition

Simon van der Stel entdeckte wenig später ein kleines Seitental unweit von Kapstadt, dessen Weinbaubedingungen noch besser erschienen als die Cape Towns. Stellenbosch, die zweitälteste Stadt Südafrikas, gilt heute mit über 60 Weingütern als die Hauptstadt des Weines und eröffnete schon 1971 die erste *Wynroete* nach dem Vorbild der deutschen Weinstraßen und der französischen *Route du Vin*. Zwischen Dorp Street und Braak, dem Marktplatz des putzigen Universitätsstädtchens (75 000 Einwohner), begegnet man kapholländischer und viktorianischer Architektur auf Schritt und Tritt: Rhenisch Church, Burgerhuis, St. Mary on the Braak, Pfarrhaus der Rheinischen Mission, Leipoldt House, Moederkerk – allesamt herrlichste Fotomotive. Nicht zu verpassen sind die Trödelboutique »Oom Samie se Winkel« in der Dorpstraat, das Burgerhuis und das Stellenbosch Village Museum, deren Häuser interessante Interieurs aus den Zeiten der East India Company ausstellt. Über 200 Weinsorten lassen sich in und um Stellenbosch in den Kellern probieren, wobei die beiden nahe gelegenen historischen Weinstädtchen Paarl und Franschhoek kräftig mitreden: Cabernet Sauvignons und Shiraz-Weine aus Paarl gehören zur Weltklasse!

Deutsche Winzerleidenschaft auf Gut Oude Wellington

Nur einen Katzensprung entfernt, vor den gezackten Gipfeln der Hawequa Mountains, liegt malerisch das Weinstädtchen Wellington. Dort pflegt ausgerechnet ein deutscher Zahnarzt Rhein-

gauer Weinbautradition, seit er sich seinen lang gehegten Traum erfüllte und das Bohrbesteck aus der Hand legte. Praxis, Haus und Hof ließen sich gegen eine der ältesten kapholländischen Farmen, Baujahr 1795, eintauschen. Wobei, wie der moderne Aussteiger anfügt, die historische Perle in einem erbärmlichen Zustand war und von Grund auf saniert werden musste. Als Relikt aus der alten Welt prangt im Kaminzimmer noch das Praxisschild von daheim: »Dr. med. dent.«. Weinmachen sei der Zahnmedizin gar nicht so unähnlich, erklärt der Neu-Winzer von Gut Oude Wellington, und schwenkt genussvoll einen dunkelroten Ruby Cabernet im Glas, was man brauche sei vor allem ein sachkundiges Händchen. Heute tragen von 31 Hektar Land zwei Drittel Rebstöcke, und inzwischen werden auf Oude Wellington 30 000 Flaschen pro Jahr produziert. Auf

dem Weg zu den Wirtschaftsgebäuden geht es an Romeo und Julia vorbei, den zwei südafrikanischen Wachhunden, die aufpassen, dass nachts niemand heimlich in die Weinkeller einsteigt. Dort steht modernste Technik sowie auch eine Weißwein-Presse der Firma Görtz-Landmaschinen und 70 Eichenfässer aus Frankreich für einen ordentlichen Barrique-Ansatz. Neuerdings gibt es sogar eine kupferblitzende Destillieranlage zur Herstellung von Grappa und Brandy. Wo es gute Tropfen gibt, sind die Sterneköche nicht weit: Der Gourmet-Tempel »Catharina's Restaurant«, der zum über 300 Jahre alten, eleganten Steenberg-Hotel im Constantia Valley gehört, wurde gerade mit fünf Sternen ausgezeichnet. Der Name geht auf die deutsche Erstbesitzerin des Anwesens zurück, Catharina Ustings, die 1662 nach Südafrika kam.

HISTORISCH: WEINGÜTER IN SÜDAFRIKA

Zwischen 1679 und 1712 residierte Hollands Gouverneur Simon van der Stel auf Groot Constantia, mit dem Baujahr 1685 das älteste Weingut Südafrikas. Hier wurden schon so frühzeitig so gute Weine ausgebaut, dass sie an den Tafeln europäischer Fürstenhäuser gerne verkostet wurden. Das Gutshaus ist heute Museum. Zu den besten Weingütern des Landes zählt Stellenzicht Vinyards, das 1692 an den Hängen des Helderbergs bei Stellenbosch gegründet wurde. Mit dem Anbau von Chenin Blanc, Cabernet Sauvignon, Shiraz und Chardonnay findet aber nicht nur hier die qualitätsstarke Weinbautradition der Region Stellenbosch ihre Spitzenerzeugnisse.

Websites: www.grootconstantia.co.za, www.stellenzicht.co.za

WEITERE INFORMATIONEN ZU DEN WINELANDS

Stellenbosch: www.stellenboschtourism.co.za
Franschhoek: Vallée Tourisme
www.franschhoek.org.za
Paarl: www.paarlonline.com,
sowie:
www.winelands.co.za, www.wine.co.za,
www.sa-weine.de, www.suedafrika-wein.de

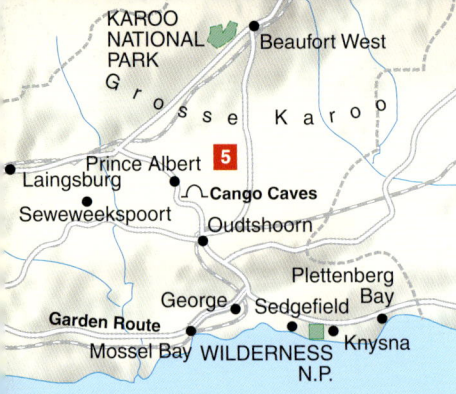

Die kargen, ariden Landschaften der Karoo transportieren einen sehr eigenen Charme (rechte Seite). Auf der Rückfahrt nach Kapstadt über Calitzdorp/Ladismith präsentiert sich Matjiesfontein sehr kultiviert: British-Leyland-Busfahrer vor dem Lord-Milner-Hotel. Aber auch Eselskarren wie hier in Amalienstein gibt es noch.

5 Eine wüste Welt für sich: die Karoo

Die kleine Zackige und die große Weite

Von Kapstadt aus wurde das Inland Südafrikas besiedelt. Zunächst aber beschränkten sich die Vorposten der Europäer auf die Küsten, weil diese auf dem Seeweg leicht zu erreichen waren. Doch bald schon lockten die zerklüfteten Gebirgszüge der Kleinen Karoo und die geheimnisvollen Hochebenen der Großen Karoo, die sich bis zu den Horizonten ausbreiten. Mühselig quälten sich Ochsenwagen und Maultierkarren durchs unwegsame Bergland, das überraschend liebliche, fruchtbare Täler preisgab.

Auf dem Weg von Kapstadt in die Kleine Karoo liegt Swellendam, Südafrikas drittälteste Stadt. Umringt von den Langeberg Mountains wartet das städtebauliche Schmuckstück aus dem Jahr 1743 mit liebevoll restaurierten kapholländischen und viktorianischen Häusern auf. Und mit einem der interessantesten Museumskomplexe des Landes, der Drostdy in der Swellengrabel Street. Dieser ehemalige Verwaltungssitz der Kapregierung spiegelt mit seiner Ausstattung den überschwänglichen Lebensstil des 18. und 19. Jahrhunderts wider.

In der Hitze der Kleinen Karoo
Hinter Swellendam biegt die Straße kurz vor Heidelberg links ab und führt über den Tradouws-Pass zur Route 62, die eine der landschaftlich schönsten Straßen der Kapregion ist. Sie schlängelt sich pittoresk durch die fruchtbaren

Täler der Kleinen Karoo, vorbei an mächtigen Felsmassiven, deren Gipfel im Winter schneebedeckt sind, bis nach Ladismith, einem beliebten Wandergebiet am Fuß des Towerkop, und weiter bis zu den ehemaligen Missionsstationen Zoar und Amalienstein. Von Calitzdorp, der Hochburg des Portweins, ist es nur noch einen Katzensprung bis nach Oudtshoorn. Da in der wüstenähnlichen Landschaft der Kleinen Karoo nur selten der Wind weht, empfindet man die Temperaturen meist als besonders hoch. Trotz des heißen Klimas werden durch geschickte Bewässerung Tabak, sogar Obst und Gemüse, Wein und Getreide angebaut.

Ein komischer Vogel
Vor allem aber gedeiht hier hervorragend *Struthio camelus*, der Strauß. Er ist ein sonderbarer Vogel, der nicht fliegt, aber mit vier Meter langen Schritten bis

Beinahe alles dreht sich in und um Oudtshoorn um Strauße: Der Brutkasten für Straußeneier auf einer Straußenfarm (oben), Straußenfeder-Vorführung auf einer Show-Farm (unten und rechts). Im weitverzweigten Höhlenlabyrinth der Cango Caves nahe Oudtshoorn, mit beeindruckenden Stalaktiten und Stalagmiten (rechts oben).

zu 50 Stundenkilometer schnell ist, ein Tempo, das er eine halbe Stunde lang durchhalten kann. Ein Straußenhahn wird zwei Meter fünfzig groß und 150 Kilogramm schwer, und das alles auf Beinchen, die so lang und so dünn sind wie sein Hals. Er hat weder Kropf noch Zähne und schluckt daher feste Dinge wie beispielsweise Steine, um mit ihrer Hilfe seine Nahrung im Magen zu zerkleinern. Zum Kuriosen passt, dass seine schönen, langen Wimpern sanfte Federn sind, die Füße aus nur zwei Zehen bestehen, die allerdings kräftige Krallen tragen und, wenn Gefahr droht, zu gefährlichen Killerwerkzeugen werden. Vor allem das schwarz-weiß gefiederte Männchen kann sich vehement zur Wehr setzen, sogar Elefanten und Löwen sollen vor ihm zurückweichen. Übrigens kommt er, wenn nötig, gänzlich ohne Wasser aus, weil ihm die Flüssigkeit von kleinen Beutetieren, Früchten und wasserhaltigen Sukkulenten vollkommen ausreicht. Nur zehn Prozent aller Strauße genießen in Südafrika die Wildnis. Die Mehrheit der rund 600 000 Riesenvögel lebt in Aufzucht und beliefert die Schlachthöfe mit Nachschub. Das hat seit 1838 eine Geschichte: Zu Beginn des 19. und 20. Jahrhunderts waren vor allem Federboas als Modeaccessoires gefragt, und Straußenfedern wurden in den fernen Erdteilen zu begehrten Objekten. Dokumentiert ist, dass Südafrika damals pro Jahr eine halbe Million Kilogramm Federn exportierte! Die sogenannten Straußenbarone der Kleinen Karoo wurden durch die Federn steinreich. Ihr Wohlstand lässt sich heute noch in Oudtshoorn, der »Hauptstadt der Strauße«, bestaunen in Form prunk-

voller Villen, den sogenannten »Feder-Palästen«. Heute dienen die Zuchtvögel auf den rund 200 Straußenfarmen der Region hauptsächlich der Fleischproduktion. Alljährlich Anfang April findet in Oudtshoorn das Klein-Karoo-Kunstfestival statt, zu dem über 100 000 Besucher unterwegs sind.

Unterirdisches Labyrinth: die Cango Caves

Nördlich von Oudtshoorn liegen die Cango Caves, die sich in Jahrmillionen zu einem imposanten Tropfsteinhöhlensystem entwickelt haben. Früher wurden sie von den San und Khoikhoi, den eigentlichen Ureinwohnern Südafrikas, als Unterschlupf genutzt. Werkzeugfunde und Höhlenmalereien belegen, dass die Höhlen vor circa 10 000 Jahren von Menschen bewohnt waren. Das unterirdische Labyrinth, das weit verzweigt bis unter die Swartberge reicht, ist gigantisch: Nur zwei Kilometer Länge können besichtigt werden, allein in diesem Teil ist die größte Höhle 107 Meter lang, 54 Meter breit und 16 Meter hoch. Ein Teil des Höhlensystems bleibt für Besucher geschlossen, um wertvolle Formationen zu schützen.

Idylle in den Bergen

Jenseits des Swartberg-Passes liegt Prince Albert. Das kleine Bergstädtchen, das schon zur Großen Karoo gehört, stellt ein ganz besonderes Kleinod dar. Umgeben von bizarren Bergen, deren Gipfel 2000 Meter erreichen, gedeihen in dieser paradiesisch anmutenden Enklave Oliven und Obst und Merinoschafe. Benannt nach dem Prinzgemahl Queen Victorias, liegt der Ort 650 Meter über

dem Meeresspiegel, ist mit seinen viktorianischen Fassaden beinahe ein lebendiges Museum und als Quartier bei Wanderern äußerst beliebt. Vor allem im Frühling, wenn die Obstbäume blühen und das Land von Millionen Wildblumen überdeckt ist, sowie im südafrikanischen Herbst zum Olivenfest. Im Sommer, im Dezember, wenn es in der Karoo besonders heiß und trocken ist, hält Prince Albert seinen Winterschlaf.

Ein Nationalpark treibt's bunt

Die beeindruckendsten Bilder der Karoo-Landschaften haben sich im Karoo National Park nordwestlich von Beaufort West konzentriert versammelt: Vegetation sprießt nur spärlich in diesem steinwüstenähnlichen Gebiet, Temperaturunterschiede und geringe Niederschläge haben einzigartige Landschaftsbilder zustande gebracht, aus deren Leere sich

bizarr kleine Tafelbergbrüder, die typischen »Koppies«, erheben. Das Beste findet nachts statt, wenn es eiskalt wird in der Großen Karoo und der Sternenhimmel so klar ist wie am Südpol. Dann versammeln sich Sternengucker aus aller Welt in der Nähe von Sutherland, im South African Astronomical Observatory. Ähnlich wie im Namaqualand an der Nordwestküste Südafrikas explodiert bei Regen die ausgedörrte Erdkrume der Karoo: All die vielen Samen der Sukkulenten-Flora, die die Trockenheit überdauert haben, beginnen dann blitzschnell zu keimen, und ein bunter Blütenteppich überzieht für ein paar Tage das Land. Den luxuriösen, aber kurzzeitigen Überfluss ihrer Wüstenflora wissen Bergzebras, Kudus, Elandantilopen und Spring- und Gemsböcke zu schätzen sowie der selten gewordene Schwarze Adler.

6 Die Pässe zwischen Küste und Hochland

Atemberaubend kurvig

Ende des 18. Jahrhunderts entstanden die ersten Siedlervorposten und Missionsstationen im Bergland und auf den Hochebenen östlich von Kapstadt, aus denen sich prosperierende Orte wie Barrydale, Montagu, Seweweekspoort und Prince Albert entwickelten. Lästig waren die miserablen Verkehrswege zur Küste. Da kam ein alter Haudegen aus Schottland gerade recht: Andrew Geddes Bain (1797–1864) wurde zum Helden der Passstraßen, die er unnachgiebig durch und über die Gebirgsketten trieb.

Unter abenteuerlichen Umständen entstanden Anfang der 1830er Jahre der Oudeberg-Pass und der Van-Ryneveld-Pass bei Graaff-Reinet in der Großen Karoo, danach der Ecca-Pass zwischen Grahamstown und Fort Beaufort sowie der Michell's-Pass und der Bain's-Kloof-Pass bei Wellington. Bevor der alte Andrew Geddes Bain verstarb, schaffte er noch eine ganze Reihe weiterer Wunderwerke. Dann setzte Sohn Thomas die wagemutige Ingenieurskunst seines Vaters fort und brachte noch mehr Bergstraßen auf die Beine, insgesamt 23! Die schönsten und bekanntesten: Meiring's Poort (16 Kilometer lang, entstanden 1854 bis 1858), Seweweekspoort-Pass (durch die Swartberge, 17 Kilometer lang, entstanden 1859 bis 1862), Prince-Alfred's-Pass (zwischen Knysna und Uniondale, 70 Kilometer lang, entstan-

den 1863 bis 1867), Seven Passes Road (zwischen George und Knysna, 75 Kilometer lang, entstanden 1867 bis 1883), Tradouw-Pass (bei Barrydale, 13 Kilometer lang, entstanden 1869 bis 1873).

Gigantische Ausblicke

Thomas Bains größtes Abenteuer aber sollte der Bau des legendären Swartberg-Passes zwischen der Straußenstadt Oudtshoorn und der Gebirgsidylle Prince Albert werden. Die 24 Kilometer lange Straße wuchs zwischen 1880 und 1888 zu Juniors Meisterstück heran. Ende 1884 hatten seine 230 Zwangsarbeiter die schwierige Strecke von Prince Albert bis zum 1530 Meter hohen Gipfel geschafft, und ab 10. Januar 1888 konnte der Pass, der inzwischen zum Nationaldenkmal erklärt wurde, genutzt werden. Wer sich für diese Strecke

Über die Bainskloof-Berge bei Wellington führt der Bain's-Kloof-Pass durch romantische Berglandschaften (oben), der Meiring's Poort durch die rauen Swartberge (rechts außen). Spektakulär winden sich auch all die anderen Pässe, Outenigua Pass (unten) und Robinson Pass (rechts), durch berauschende Gebirgsszenarien.

entscheidet, braucht viel Zeit. Nicht nur zum Fahren, sondern zum Halten und Schauen an den zahlreichen Aussichtspunkten, wobei die Abfahrt auf der Nordseite in Richtung Prince Albert zum Höhepunkt eines gigantischen Panoramas wird. Übrigens zählt auch der Victoria Drive zwischen Hout Bay und Camps Bay bei Kapstadt zu Bains Hinterlassenschaft, weshalb bei Llandudno eine Gedenktafel an den größten Straßenbaumeister Südafrikas erinnert.

Seweweekspoort und Robinson

Ganz sicher atemberaubend ist eine Überquerung des Seweweekspoort, einer engen Schlucht aus rötlichen Felswänden, wobei Bains Straße die Kleine mit der Großen Karoo verbindet. Sieben Wochen lang (»Sewe Weeks«) mussten sich früher die Planwagen auf der Strecke mühen, so heißt es. Östlich von George führt der Robinson-Pass über die Outeniqua-Berge nach Oudtshoorn. Auch er wurde von Thomas Bain gebaut, und seine Eröffnung kam 1869 besonders den Federbaronen der Straußenstadt gerade recht, die sich über den neuen Zugang zur Küste zwecks Verschiffung ihrer Produkte in alle Welt freuten.

Outeniqua- und Montagu-Pass

Weil der zunehmende Verkehr zwischen Oudtshoorn und George bald nicht mehr bewältigt werden konnte, wurde 1942 der Bau des Outeniqua-Passes begonnen. Das Mammutprojekt endete mit dem Zweiten Weltkrieg, als 200 italienische Zwangsarbeiter aus der Kriegsgefangenschaft entlassen werden mussten, sodass die Straße erst 1951 fertiggestellt werden konnte. Heute bildet sie eine großzügig ausgebaute Hauptverbindung auf der N 12 zur Garden Route und bietet traumhafte Ausblicke auf die umliegende Bergwelt. Wer Muße hat, probiere es mit der unbefestigten, aber dennoch gut befahrbaren Nebenstrecke über den steilen Montagu-Pass, den Henry Fancourt in dreijähriger Bauzeit durch die Felswüste trieb. Auf dem Rückweg nach Kapstadt steigt die N 1 von der 900 Meter hohen Wüstenlandschaft des Karoo-Plateaus über den Hex-River-Pass ab, um sich wieder in die liebliche Kaplandschaft einzufädeln: Nicht weit von den Weinorten Stellenbosch, Franschhoek und Paarl entfernt bildet das historische Worcester mit seinen 1820 gegründeten Kellern der Kooperative KWV den ersten Vorposten der Reben.

SEITENSPRUNG INS HINTERLAND

Für Einsteiger ist die Seven Passes Route zwischen George und Wilderness der Traum von Kurven und bei Bikern besonders beliebt: Entlang der Outeniqua Mountains führt die Strecke durch dichte Wälder mit traumhaften Aussichten in Täler, die zahlreiche Flüsse – wie der Touws River und der Kaimaans River – gegraben haben. Die Krönung aller Routen ist der Prince-Alfred's-Pass, weil dahinter das liebliche gleichnamige Bergstädtchen wartet. In der historischen kapholländischen Herberge »De Bergkant Lodge« in der Church Street abzusteigen, ihren Garten und Pool zu genießen, ist ebenso herrlich wie ein paar Meter weiter in »Gay's Dairy« frische Molkereiprodukte für die Weiterfahrt einzukaufen (www.princealbert.org.za/bergkant.htm).

WEITERE INFORMATIONEN ZUR REGION DER PÄSSE

Prince Albert Tourism Bureau: Church Street, www.patourism.co.za

7 | Hermanus und Walker Bay

Von Walen, Robben, Pinguinen und Erika

Die Autobahn von Kapstadt in östlicher Richtung ist eine der schönsten der Welt – um im Stau zu stehen. Der ist freitags sicher, denn dann machen sich die Capetonians entlang ihrer vielzackigen Bergketten auf in die Wochenendkolonien an den zahlreichen verträumten Buchten des Indischen Ozeans. Zwischen Hermanus, Gansbaai, Cape Agulhas und dem De-Hoop-Naturreservat.

Es sieht schon gewaltig aus, das ozeanische Küstenbild mit dem Wal-Städtchen Hermanus im Hintergrund (rechts oben). Wildromantisch sind die Strände um die Fischersiedlungen Gansbaai und am Cape Agulhas (rechts unten). In der Walker Bay vor Grootbos, da tauchen sie auf: die Wale (oben und unten).

Das noble Strandstädtchen Hermanus, das schon beim Blick auf die Immobilienpreise herausragend ist, beherbergt nicht nur ein Walbeobachtungszentrum, sondern beschäftigt den kuriosesten Walausrufer der Welt. Der eilt durch die Straßen von Hermanus und bläst laut ins Horn, um die Ankunft der Wale zu verkünden. Denn dieser Platz gilt als der beste weltweit, um die Tiere von Land aus zu beobachten.

Die Wale kommen!

In der Walker Bay zwischen Hermanus und dem Küstenstädtchen Die Kelders tummeln sich an guten Tagen bis zu 50 oder 60 der riesigen Säuger, die zwischen Juni und September aus den eiskalten Antarktisgewässern in die warmen, geschützten Buchten der Südküste Afrikas ziehen, um sich zu paaren und ihre Jungen zur Welt zu bringen. Wenn die 60 Tonnen schweren und 18 Meter langen Glattwale spektakulär aus dem Wasser schießen, um dann mit gewaltigem Getöse auf der Wasseroberfläche

aufzuschlagen, werden die Walbeobachter an Land jedes Mal in hellste Aufregung versetzt. Die *Southern Right Wales* vor Südafrikas Küsten sind inzwischen so populär, dass manche Wildlife-Experten aus den klassischen fünf Trophäentieren der Großwildjäger – *The Big Five* (Löwe, Büffel, Elefant, Leopard und Nashorn) – am liebsten *The Big Six* machen würden. Immerhin waren die Riesen wie ihre Kollegen in der Savanne, die Nashörner, beinahe schon ausgerottet. Walfangflotten hatten die Bewohner der Weltmeere Ende des 18. Jahrhunderts massenhaft aus den Ozeanen gezogen. Ihr Tran diente zur Herstellung von Brennstoff für Lampen sowie als Grundstoff für Seife, Linoleum und Arzneimittel, ihre Barten zur Herstellung von Korsettstangen. Die Populationen erholten sich erst, seit die Wale ab 1935 zunehmend geschützt und ihr Fang 1976 in Südafrika endgültig verboten wurde.

Auf der »Cape Whale Route« entlang der Küste lassen sich die größten Säugetiere der Erde (Blauwale bringen 200

Tonnen auf die Waage) an vielen Orten zwischen Strandfontein und Knysna von Land aus sehr gut beobachten.

Naturreservat Grootbos

Die schönste Walbucht aber ist die Walker Bay zwischen Hermanus und dem Fischerörtchen Gansbaai. Hier, in den sanften Hügeln der Swartkransberge, ist mit der Bio-Lodge Grootbos ein Naturreservat der besonderen Art entstanden, hier handelt die Geschichte von Ameisen, Mäusen und Menschen. Von Fynbos und Milkwood, von Asche und von Erika. Das hört sich im ersten Moment wenig spannend an. Vor allem wenn man weiß, dass jenseits der weitläufigen Bucht, auf Dyer Island, Scharen von Pinguinen spektakuläre Kopfsprünge in tosende Brandung vorführen. Oder dass die Nachbarinsel, Geyser Island, 55 000 Robben bevölkert und plötzlich auffliegende Kormorane so zahlreich sind, dass ihr Geflatter zuweilen den Himmel verdunkelt. Aber unter den heimeligen Reetdächern von Grootbos wird ausschließlich über Flora *en miniature* gefachsimpelt.

Da sind *Leucospermum* (Nadelkissenblume) oder *Protea obtusifolia (*Königsprotea*)* feste Größen. In einem Umfeld, das am ehesten mit der Wattlandschaft bei Keitum auf Sylt vergleichbar ist und norddeutsche Impressionen sich allerorts in der bildschönen Landschaft zeigen: Der Blick vom Naturreservat geht über riesige Sanddünengebiete, in denen hartnäckig der Strandhafer kämpft. Auf unablässig anrollende Wellenberge, die sich an feinsandigen Stränden klein laufen. Hier wartet ein traumhaftes Küstenparadies nicht nur auf Badenixen.

Fynbos, die typische Kapflora

So weit das Auge reicht, blüht eine wildromantische Heidevegetation, die typisch für das Kap ist, mit vielen endemischen Pflanzen, deren Farbmischung durch Dutzende verschiedene Arten Erika bestimmt wird. »Fynbos« nennen sich die kleinblättrigen Ministräucher der Kapflora, aber natürlich wachsen auch größere Büsche (»Grootbos«) und sogar richtige Bäume, die bis zu 1000 Jahre alten Milkwood Trees. Die seltene Spezies (*Sideroxylon inerme*) hat sich im Schutzgebiet von Grootbos zum größten Milkwood-Wald Afrikas versammelt. Drumherum wuchert die Kapflora mit Tausenden Arten auf kleinsten Arealen, teilweise nur Quadratkilometer groß. Aufgrund von Mikroklimaten kann das gesamte Sortiment in der nächsten Bucht schon ganz anders aussehen. Liebhaber von Erika finden von weltweit 860 Arten allein 730 im Blumen-Eldorado am Kap. Phänomenal ist, dass es mit der Fynbos-Vegetation erst richtig losgeht, wenn es brennt. Denn erst nach einem Feuer öffnen sich die Samen der Pflanzen im Erdreich und treiben dann einen noch dichteren und wilderen Bewuchs hervor – ein Evolutionsbeispiel aus Gebieten, wo sonst die Vegetation nach Buschfeuern aussterben würde. Wie raffiniert das Reproduktionssystem funktioniert, macht ein Botaniker von der Universität Kapstadt am Beispiel der Protea, Südafrikas Nationalblume, deutlich: Proteasamen, die zu Boden fallen, werden von Ameisen in ihre unterirdischen Nester verschleppt. Aber nur die feine äußere Hülle wird von den Tierchen verspeist. Die in den Ameisenbauten vor Vögeln und Mäusen gesicherten

Beeindruckend: Haifisch-Jaws in Earnie's Pub in Gansbaai, eine prachtvolle Königsprotea, eine Fischersfrau vor ihrer weiß getünchten Steinkate in Arniston (oben). Im De Hoop Nature Reserve stellt die Küste Sanddünengebirge aus, und gleich um die nächstfolgende Ecke den Leuchtturm von Cape Agulhas (rechts).

44

Samenkerne warten jetzt auf Feuer, Asche und Regen. Denn erst chemische Stoffe in der Asche, vom Regen an die Pflanzensamen gespült, stimulieren ihr Wachstum.

Und dann und wann auch ein Weißer Hai

Wem Proteas und Fynbos zu wenig sind, der kann in die Welt der Weißen Haie abtauchen. Den Inselkanal zwischen den vorgelagerten Felseilanden Dyer Island und Geyser Island durchpflügen tonnenschwere, bis zu sechs Meter lange Weiße Haie, deren Faszination groß genug ist, dass in den nahen Küstenortschaften Gansbaai und Kleinbaai acht Unternehmen allein mit *shark-watching* beschäftigt sind. Mit »Life-Changing Experience« werben die einen, mit »Jaws of Life« die anderen: Das Abtau-

chen im Käfig ist ein verlockender Nervenkitzel, der viel Adrenalin verspricht. Aber auch wer lieber »oben« bleibt, wird ein ergreifendes Erlebnis erhalten. Anderthalb Fahrstunden weiter treffen der Atlantische und der Indische Ozean aufeinander. Hier liegt das »echte« Kap, Cape Agulhas, der wirkliche südlichste Punkt Afrikas. Es wurde bereits 1488 vom portugiesischen Seefahrer Bartolomeu Diaz umsegelt, der ihm den Beinamen »Kap der Nadeln« gab, wegen seiner zahlreichen gefährlichen Felsen und Riffe sowie unberechenbaren Strömungsverhältnissen. Der rot-weiß geringelte Leuchtturm aus dem Jahr 1848 wurde einst mit Schafsschwänzen befeuert, und das Lighthouse Museum im Inneren verrät, dass das pittoreske Stück dem Leuchtturm von Pharos bei Alexandria in Ägypten nachgebaut wurde.

DIE BUCHT DER WALE

Zwischen Mai und August dreht sich hier (beinahe) alles um die riesigen Meeressäuger. Wenn man im Marine Hotel von Hermanus, der vermutlich teuersten Wal-Herberge Südafrikas, das Hornsignal des Walausrufers hört, reicht schon ein Blick aus dem Fenster, um die riesigen Tiere zu entdecken. Oberhalb der Walker Bay liegt das Grootbos Nature Reserve mit der Grootbos Garden Lodge (im nordfriesischen Reetdach-Design) und der Grootbos Forest Lodge (in offener, moderner Bauweise). Auf den Terrassen stehen Leica-Fernrohre, die eine Walbeobachtung jederzeit möglich machen.

WEITERE INFORMATIONEN ZU HERMANUS UND WALKER BAY

Hermanus Tourism Bureau: Old Station Building, www.hermanus.co.za sowie www.tourismcapetown.co.za
Hotels: www.marine-hermanus.co.za,
Grootbos:
www.grootbos.co.za
in Deutschland:
www.exclusivetravelchoice.com

WESTERN CAPE

Laingsburg
Matjesfontein   Prince Albert
          Seweweekspoort
              Oudtshoorn
K l e i n e   K a r o o
    Montagu
    Swellendam   George
          Garden Route **8**
          Mossel Bay

          DE HOOP NATURE RESERVE
Bredasdorp

    AGULHAS
    NATIONAL PARK

Erste Garden-Route-Impressionen per Bild: Die ursprüngliche Küstenwildnis, durchkreuzt vom Keurboom River, der legendäre Golf Course auf dem »Fancourt Hotel and Country Club Estate« bei George (oben), Strand- und Küstentraum bei Wilderness (rechts oben) und der Knysna-Laguna (rechts unten).

8 Ultimativ: Südafrikas Garden Route

Unterwegs mit dem Outeniqua-Choo-Tjoe-Dampfzug

In Mossel Bay beginnt die Garden Route. Von hier windet sich die berühmte und längste Panoramastrecke Südafrikas über Hunderte von landschaftlich spektakulären Kilometern die Küste entlang bis nach Port Elizabeth. Mit malerischen Buchten, einsamen Stränden, steil aufsteigenden Felswänden, bezaubernden Wanderrouten durch urweltliche Wälder, naturgeschützten Feuchtgebieten und hübschen Städtchen. Wobei die Bezeichnung »Garden Route« die fruchtbaren, grünenden Vegetationsgebiete der Küstenlandschaften bezeichnet, die so wohltuend vors Auge treten.

Mossel Baai«, wie der holländische Kapitän Paulus van Caerden 1601 die Bucht taufte, die außer Bergen von Muscheln nichts Nützliches aufbot, hat sich zu einer quirligen Küstenstadt von 80 000 Einwohnern entwickelt. Sie erwirtschaftet ihre Haupteinnahmen in der heimischen Fischindustrie sowie auf vorgelagerten Erdgas- und Ölbohrinseln. Und im Tourismus. Für den sind vor allem das Bartolomeu Diaz Museum und das Cape Saint Blaize Lighthouse im Einsatz, aber auch Mossel Bays Zentrum zwischen Church Street und Pouwrie Street, das von den Kirchtürmen der niederländisch-reformierten Klipkerk (1879) und der Saint Peter's Anglican Church (1879) markiert wird. Wanderfreunden ist der 14 Kilometer lange Cape Saint Blaize Hiking Trail zu Füßen des pittoresken Leuchtturms aus dem Jahr 1864 zu empfehlen.

Im alten Dampfzug durchs Paradies

Das Herzstück der Garden Route hat sich der Outeniqua-Choo-Tjoe-Dampfzug ausgesucht, der zwischen George und Knysna durch geradezu unwirklich schöne Landschaftsszenarien aus Wäldern, Seen und Flüssen schnauft. Vollends bleibt den Passagieren der Atem weg, wenn Lok und Waggons (aus der ersten Hälfte des 20. Jahrhunderts!) auf der alten Stelzenbogenbrücke beim Küstenörtchen Wilderness stampfend und tutend über den Kaaimans River rattern. Zweieinhalb Stunden dauerte die Fahrt auf der 67 Kilometer langen Strecke, bis sie nach schweren Regenfluten in den Wintern 2006 und 2007 stillgelegt werden musste. Jetzt ist nur noch die Schienenverbindung zwischen George und Mossel Bay in Betrieb. In jedem Fall finden Eisenbahnfans im Outeniqua

Vielleicht ist ihm die antiquierte Technik doch einfach zu altbacken: grimmig dreinblickender Dampflok-Kapitän. Der Choo-Tjoe ratternd auf der Schiene. Kunst & Kitsch im African Attitude Shop in Knysna (oben) sowie traumhafte Strandszenen in Plettenberg Bay (rechts unten). Stoßzähne zum Anfühlen im Knysna Elephant Park (rechts oben).

Railway Museum in George die Endstation ihrer Träume. Normalreisenden wird schon der Anblick der beiden Dampflokomotiven 19D (1937) und 24 (1948) – und die anschließende Traumreise – genügen.

Von der Holzfällersiedlung zum Industrieort

Das 440 Kilometer von Kapstadt entfernte George, das von seinen Hausbergen Cradock Peak (1578 Meter) und George Peak (1337 Meter) der Outeniqua Mountain Range gerahmt wird, ist mit 140 000 Einwohnern das urbane Zentrum der gesamten Region. »Es war einmal« eine romantische Holzfällersiedlung, aus der im Jahr 1811 ein Verwaltungssitz wurde, der im Verlauf einer rasanten Entwicklung durch eilige Baumaßnahmen an Reizen verlor. Immer noch vorhanden sind die beiden Kirchen Saint Mark's Cathedral (1850) und die niederländisch-reformierte Moederkerk (1842), die an die alten Zeiten erinnern. Den Einwohnern macht die unschöne städtebauliche Entwicklung rein gar nichts, sie haben das Paradies direkt vor der Haustür.

Beispielsweise mit verschwiegenen Badeplätzen in den nahen Küstenorten Herold's Bay, Victoria Bay und Glentana. Strandspaziergänge, Baden im Gezeitenpool, Wanderungen bei Ebbe die Küste entlang, Wellenreiten sowie Angeln stehen hier auf der Liste der Aktivitäten. Zwischen Juni und November zeigen sich sogar Glattwale vor der Küste. Lange Zeit war das idyllische Victoria Bay ein Geheimtipp: In der engen Bucht, die von grünen Hügeln umgeben ist, steht nur eine Handvoll Häuser,

deren Eigentümer von Besuchern heißblütig beneidet werden ob ihrer einzigartigen Wohnlage.

Traumhaftes Wilderness

Die Bilder, die sich in Wilderness aufdrängen, sind nicht von dieser Welt. Die einst verschwiegene Naturschönheit aus Lagunen, Sanddünen und Bergketten, früher nur von Künstlern, Anglern und anderen stilsicheren Individualisten als Wohn- und Wochenendparadies geschätzt, wurde als Wilderness National Park vor der absehbaren Zersiedelung rechtzeitig geschützt. Naturfreunde, die sich in dem verträumten Strandort einquartieren, werden die Idylle aus reetgedeckten Giebeln sowie den sieben Kilometer langen Pied Kingfisher Trail lieben. Und auch die Wanderwege durch die Goukamma Nature Reserve, die durch das weitläufige Küstenschutzgebiet zwischen Wilderness und Buffels Bay führen. Um Wilderness herum erstreckt sich ein bildschönes Wildgartenparadies zwischen Dünen und Bergen, aus Flüssen, Seen, Lagunen, Inseln, stehenden Wasserarmen, Sümpfen und unzählbaren Rinnsalen. In vier Tagen lässt sich auf dem Wilderness Canoe Trail per Boot die maritime Seite des Garten Eden erkunden. Vögel kommen hierher in unfassbaren Mengen: Je nach Jahreszeit versammeln sich in der Wilderness-Region bis zu 25 000 Wasservögel aus bis zu 250 bislang sicher identifizierten Arten, darunter sogar ein Höhepunkt ornithologischer Exotik: der farbschillernde Eisvogel. Und längst haben sich hier Aktivsportarten etabliert wie Paragliding und Abseiling, Kanufahren, Wellenreiten und Segeln.

Lagunenstädtchen Knysna

Um die nächsten Kurven wartet Knysna als touristische Oase: Das liebliche Küstenstädtchen (40 000 Einwohner) bezeichnet sich gerne als »Perle der Garden Route« und liegt wie gemalt an seiner Lagune. Die steht als National Lake Area unter Naturschutz und wird von zwei mächtigen felsigen Landzungen, den sogenannten »Heads«, auf imposante Weise eingerahmt. Knysnas Traumlage zieht jährlich Hunderttausende an: Zahlreiche Restaurants (»The Knysna Oyster Company«, »Mitchell's Brewery«, »The Pink Umbrella«) sowie Bars, Boutiquen, Souvenirläden und Caféterrassen mit Blick auf die Ankerplätze schneeweißer Yachten lassen die Promenade der Knysna Quays wie die Miniaturausgabe der Kapstädter Waterfront auftreten. Was sicherstellt, dass die *wilderness* nicht gar zu einsam daherkommt. Dafür stehen auch die beiden herrlichen 18-Loch-Plätze des Knysna Golf Clubs und des Simola Golf & Country Estates, die zwischen alten Eukalyptusbäumen einen Abschlag mit Blick auf den Indischen Ozean erlauben. Vom Hafen aus gehen Boote über die Lagune zum Featherhead Nature Reserve auf dem westlichen »Head«, wo Streifzüge durch blühende Fynbosvegetation zu versteckten Strandhöhlen führen. Das 150 Hektar große Naturreservat der felsigen Knysna-Lagune findet sich mit seinen prächtigen Milkwood-Bäumen auf der UNESCO-Liste des Weltnaturerbes. Anfang Juli lockt das Oyster-Festival die Liebhaber von Meeresfrüchten an: Frische Austern sind hier der Traum!

Im Trend-Fresstempel »34° South« (Waterfront Drive) verraten mediterrane Gerüche griechische, portugiesische, spanische und italienische Küche, und ein paar nostalgische Fotos zeigen Chris Barnard, den weltberühmten südafrikanischen Herzchirurgen, der gerne zum Fischen und Relaxen nach Knysna kam.

STATIONEN EINER TRAUMROUTE

Zweifelsfrei gehören Wilderness und Knysna zu den perfektesten Perlen der Garden Route. Ein informatives Stop-over garantieren in Knysna die Deutschen Dieter und Tina Rangs mit ihrer Panorama-Lodge (www.panorama-lodge.com), die zu den schönstgelegenen Bed-and-Breakfast-Domizilen der Region zählt. Dampflok-Fans kommen an George nicht vorbei (www.onlinesources.co.za), und Mossel Bay bietet Besuchern lohnende Bootsfahrten auf der »Seven Seas« und der »Romonza Sea«, Seehundkolonien, Whale-Whatching und verspielte Delfine inklusive. **Informative Websites:**
www.mosselbay.co.za,
www.tourismgeorge.co.za, ,
www.knysna-info.co.za

WEITERE INFORMATIONEN ZUR GARDEN ROUTE

Western Cape Tourism:
www.tourismcapetown.co.za,
Knysna National Lakes Area:
www.sanparks.org,
sowie www.explore-southafrica.co.za und
www.capeinfosa.co.za

Graaff-Reinet
Beaufort West
KAROO
NATIONAL
PARK

EASTERN CAPE

Oudtshoorn

George Plettenberg
Sedgefield   Bay
Knysna   Storms River
WILDERNESS   **9**   Humansdorp
N.P.   TSITSIKAMMA
             NAT. PARK

9 Tsitsikamma National Park

Im Garten Eden zwischen Nature's Valley und Storms River

Jenseits der Urlaubshochburg Plettenberg Bay bildet der Tsitsikamma National Park die letzte Station der Garden Route, gleichzeitig eine der interessantesten: Afrikas erster Meeresnaturschutzpark bietet beeindruckende Wasserlandschaften aus wildromantischen Flussläufen, endlosen Dünengebieten, Süßwasserseen, einsamen Sandstränden und Klippen, von der Brandung umtost.

Auf schwankenden Planken geht es über die berühmte Hängebrücke über den Storms River, Wanderern ist ein sicherer Tritt auf den Tracks der Groot River Lagune im Nature's Valley gewiß (oben). Auf 75 Kilometer Länge zieht sich dieser Küstentraum dahin, und umfaßt mit seinem Schutzgebiet ein feines, maritimes Territorium (rechts).

Auch wenn sich Plettenberg immer noch als Tor zum Tsitsikamma-Naturwunder versteht, hat die einst reizvolle Küstenperle ihr Ambiente weitgehend verloren: Aufgrund ihrer zahlreichen schönen, goldgelben Strände (Cape St. Francis, Paradise Beach, Oyster Bay, Jeffrey's Bay und viele mehr) erfreut sie sich als Ferienort vor allem bei südafrikanischen Urlaubern großer Beliebtheit, weshalb Ferien- und Appartementsiedlungen rund um »Plett« wie Pilze aus dem Boden schießen. Zwar zählt das Küstenstädtchen nur 10 000 Einwohner, doch während der Hochsaison vervielfacht sich die Zahl der Menschen schlagartig. Die Umgebung ist aber immer noch beachtenswert schön. Wie beispielsweise Plettenbergs Robberg-Halbinsel, ein Naturparadies erster Güte, auf dem sich an die 2000 Pelzrobben sowie zahlreiche Kormorane und Kap-Tölpel tummeln. Mit Glück lassen sich auch Wale und Delfine sehen, und sehr fotogen macht sich dort das Cape Seal Lighthouse.

Paradies für Schnorchler und Taucher

25 Kilometer östlich warten die Ausläufer des Tsitsikamma National Parks mit wahrhaft idyllischen Strandlandschaften bei Nature's Valley, einer von Klippen und Hügeln eingefassten Lagune des Groot River, der hier in den Indischen Ozean mündet. Dort endet der gebirgige Tsitsikamma Hiking Trail sowie die fünftägige Küstenwanderung des Otter Trails. Die einzigartig schönen maritimen Schutzgebiete des Parks erstrecken sich auf 80 Kilometern zwischen Plettenbergs Keurbooms Beach im Westen bis über die Mündung des Storms River hinaus im Osten sowie kilometerweit ins Meer hinaus, was Möwen, Reihern und Eisvögeln zugute kommt sowie Schnorchlern und Tauchern, die unter Wasser Korallenriffe bewundern können. Hinter der nassen Pracht residieren zwei Küstenplateaus auf unterschiedlichen Höhenstufen, die niedrigere von einer artenreichen Fynbosvegetation bedeckt, die höhere von dichtem Regenwald. Dahin-

ter thronen die Tsitsikamma Mountains, deren höchste Erhebung, Formosa Peak, 1675 Meter aufragt.

Touren durch den Nationalpark

Tsitsikamma bietet Wanderern und Bikern ein Paradies auf zahlreichen Routen: dem Lourie Trail, der Storms River Cycle Route, dem Waterfall Trail und dem Blue Duiker Trail. Auf dem abenteuerlichen Otter Trail sind auf 41 Kilometern elf Flüsse zu durchqueren, was ein Grund dafür ist, dass die Teilnahme auf zwölf Personen begrenzt ist. Bis zu einem Jahr kann das Warten auf freie Plätze dauern. Kürzer sind die Buchungszeiten beim 64 Kilometer langen Tsitsikamma Hiking Trail, der 30 Personen pro Tag zulässt. Nicht so bekannt und deshalb weitgehend ohne Warteliste ist der 27 Kilometer lange Harkeville Trail, der westlich von Plettenberg Bay beginnt und entlang einer unberührten, bildschönen Küstenlandschaft durch

dichte Regenwald- und Fynbosvegetation führt, weshalb sich die Route den Kosenamen »Little Otter« verdient hat. Weniger Ambitionierte werden sich über den Storms River Mouth Trail freuen, weil der nur einen Kilometer lang ist: Phantastische Aussichten und ein wenig Nervenzittern verursacht die wackelige Überquerung der Hängebrücke, die über die Schlucht an der Flussmündung führt. *The finest walks in the world* finden in diesem Garten Eden auch auf dem 20 Kilometer langen Elephant Walk statt, wenngleich die Aussichten, einen der letzten kleinen Waldelefanten im Busch zu sehen, eher gering sind. Dafür gibt es den Outeniqua Yellowwood zu besichtigen, bis zu 50 Meter hohe Riesen mit Durchmessern von über drei Metern. Manche der Bäume werden bis zu 800 Jahre alt. Der größte, The Big Tree, erreicht 40 Meter Höhe, hat einen Umfang von 33 und eine Kronenspannweite von über 30 Metern.

ADRENALIN UND WILDE TOUREN

Südafrikas berühmteste mehrtägige Touren für Wanderer sind der Otter Trail und der Tsitsikamma Trail, übernachten kann man in kernigen Cottages. Die Schluchten des Storms River locken Aktivsportler, die vom Blackwater Tubing auf dem Fluss schwärmen und vom höchsten Bungee-Jump der Welt: 216 Meter von der Bloukrans-Brücke (www.faceadrenalin.com).
Übernachtungs-Tipp: Schöne Suiten hat die »Hog Hollow Country Lodge«, 18 Kilometer östlich von Plettenberg Bay gelegen, mit einem herrlichen Blick auf die Tsitsikamma-Berge. Dazu gehört das »Beach House« in St. Francis Bay bei Port Elizabeth (www.hog-hollow.com), **in Deutschland:** www.exclusivetravelchoice.com.

WEITERE INFORMATIONEN ZU TSITSIKAMMA

Tsitsikamma National Park in Storms River: www.sanparks.org sowie www.traveltsitsikamma.co.za
Schöne und preiswerte Unterkünfte für Rucksacktouristen unter: www.tubenaxe.co.za.

Westküstenkontraste: Fischerkutter in der St. Helena Bay und die Tölpelkolonie bei Lambert's Bay bestimmen das Ambiente am kühlen Atlantik, während im Inland dicke Brocken aufwarten: mit Felsskulpturen wie der »Wolfberg Arch« (rechts) in den Cedarbergen. Durch lang gezogene Spalten im Fels, den »Wolfberg Cracks«, lässt es sich zügig dorthin aufsteigen.

10 West Coast: Muscheln, Austern und Langusten

Gaumen- und Naturfreuden an Kapstadts Westküste

Fisch, frisch aus dem Fangnetz auf den Tisch, zubereitet in allen Variationen, gebraten, gekocht und gegrillt oder in der Rezeptur köstlicher Fischsuppen, handtellergroße Austern und Muscheln, dazu köstlichste Langusten: Hier breiten sich nordfriesische Bilder aus mit rot-weiß geringelten Leuchttürmen und vorgelagerten Inseln in weiten, schilfbestandenen Wasserlandschaften. Auch knallbunte Fischerboote fehlen nicht.

Auch auf der anderen Seite des Kaps, im Westen, erstrecken sich die herrlichsten Küsten mit Buchten und sandigen Stränden vom Allerfeinsten. Bis hinauf zur St. Helena Bay und weiter nördlich liegen die Arbeitsplätze der Langustenfischer sowie malerische Küstenorte wie Lambert's Bay, Paternoster und Yzerfontein. Die beinahe schon zu idyllisch sind und vom Ambiente her ein wenig an die Gegend zwischen Husum und Amrum erinnern, mit weiß getünchten Fischerkaten, Trockengestellen gesalzener Makrelen sowie den Treffpunkten von Wellenreitern und Windsurfern, die von den bescheidenen Wassertemperaturen (eher unter 15 Grad als darüber) gänzlich unbeeindruckt bleiben.

Künstleridylle in Paternoster

»Vater Unser« sollen portugiesische Schiffsbrüchige gebetet haben, als sie in der weitläufigen Sandbucht mit den großen grauen, rund geschliffenen Granitfelsen an Land gespült wurden. Mit Paternoster und seinen putzigen Fischerhäusern ist eine ursprüngliche Perle erhalten geblieben, ein Pilgerort von Künstlern und Fotografen, die alle herkommen auf der Suche nach Inspiration. Weil diese Idylle mit ihren bunten, nussschalengroßen Booten, ihrer Küche aus fangfrischem Hummer und anderen Meeresgetier und dem Cape-Columbine-Naturreservat an der Tietiesbaai gleich nebenan verzaubert. Auch in Yzerfontein wird der Fisch direkt vom Bootsdeck weg an die Frutti-di-Mare-Klientel aus der Großstadt verkauft, die sich seit geraumer Zeit hier Immobilien kauft, um die Wochenenden in den weitläufigen, windumwehten Strandarealen der Atlantikküste zu verbringen. Oder gar täglich ins 60 Kilometer entfernte Kapstadt zu pendeln. Nur wenige

Nur einen Katzensprung von der Langebaan-Lagune (rechts) entfernt, dem
Wildblumenparadies im West Coast
National Park und den idyllischen
Restaurants entlang der atlantischen
Strände liegen in Citrusdal Aprikosen
zum Trocknen aus (oben Mitte). Leicht
erreichbar sind hier die San-Malereien in
der Höhle von Stadsaal.

Kilometer vor der Küste liegt Dassen
Island, ein Vogelschutzgebiet, wo bis zu
25 000 Brillenpinguine dem Leucht-
turmwärter Gesellschaft leisten.

Vogelparadies Langebaan-Lagune

Zwischen Yzerfontein und Paternoster
liegt das Herzstück der Westküsten-
Region, der West Coast National Park.
Südlich von Saldanha, der Stadt mit
dem größten Hafen der Region, erstreckt sich mit weitläufigen Salzmar-
schen, Schlick- und Schilfflächen die
Langebaan-Lagune, eingebettet vom
Sandveld mit seiner für die Kapregion
typischen Fynbosvegetation. Sixteen
Mile Beach heißt die schmale Landzunge, die den Atlantischen Ozean von diesem einzigartigen Vogelparadies trennt,
das Ornithologen und Naturfreunde aus
aller Welt begeistert. Massen von Kap-
Tölpeln, Kormoranen, Brillenpinguinen
sowie Flamingos finden sich in den
Feuchtgebieten zum Stelldichein,
manchmal sind es bis zu 60 000 Vögel
auf einen Schlag. Insgesamt lassen sich
über 250 heimische Vogelarten auflisten,
wobei im südafrikanischen Sommer riesige Schwärme an Zugvögeln dazukom-
men. Wird es dann in der Langebaan-
Lagune zu eng, dienen die Inseln Jutten,
Malgas, Marcus und Schaapen Island in
der benachbarten Saldanha-Bucht als
zusätzliche Brutgebiete. Am besten lässt
sich die Theatervorstellung der Vogelwelt auf einer Bootstour erkunden. Wer
an der Felseninsel Malgas vorbeituckert,
hört dort das ohrenbetäubende Konzert
von 50 000 Kap-Tölpeln. Die meisten
der Vögel sind Sichelstrandläufer, die
sich als erstklassige Langstreckenflieger
entpuppen; Wissenschaftler fanden her-

aus, dass die Zugvögel von hier bis in
die 15 000 Kilometer entfernte sibirische
Tundra nicht länger als eine Woche
brauchen – mit kleinen Zwischenstopps,
meist in Ostafrika und am Schwarzen
Meer. Südafrikanische Huftiere sind im
West Coast National Park ebenfalls vertreten, allerdings werden die vom vielen
Federvieh hoffnungslos untergebuttert.

In der Cedarberg-Region

Auch Lambert's Bay, 250 Kilometer
nordwestlich von Kapstadt, ist ein maritimes Schmuckstück: Das windumtoste
Küstenörtchen lockt mit seinen rustikalen Outdoor-Restaurants zahlreich die
Liebhaber frischer Meeresfrüchte an, die
seine Trawlerflotte jeden Nachmittag
aufs Neue anlandet. In Sichtweite des
Fischereihafens liegt Bird Island, eine
Brutkolonie von 10 000 Kap-Tölpeln, die
hier für Nachwuchs sorgen. Keine Autostunde östlich von den ausgedehnten
Strand- und Wasserlandschaften findet
in den Cedarberg Mountains zwischen
Clanwilliam und Citrusdal das Kontrast-
programm statt: Sprudelnde Wasserfälle,
glasklare Bergflüsse, vegetationssatte
Berghänge und eine Luft zum Durchat-
men begeistern Wander- und Wein-
freunde.

Clanwilliam: Rotbuschtee und die Cedarberg Wilderness

Knapp 70 Kilometer von der Küste entfernt liegt im Flusstal des Olifants River
das Obststädtchen Clanwilliam, entstanden schon Anfang des 19. Jahrhunderts,
das für seinen erstklassigen Rooibus-Tee
bekannt ist. Der wird hier aus den
nadelartigen Blättern des Rooibos (Rot-
busch) gewonnen und hat längst seinen

weltweiten Siegeszug angetreten, denn er besitzt weder Tein noch nennenswerte Gerbstoffe, wirkt aufgrund seines hohen Mineralstoffgehalts lindernd bei Kopf- und Magenschmerzen und stärkt das Immunsystem.

Clanwilliam ist ein guter Ausgangspunkt für einen Besuch der 71 000 Hektar großen Cedarberg Wilderness, die mit ihren wildromantischen, zerklüfteten Bergen eine Trumpfkarte ausspielen kann: Der über 2000 Meter hohe Sneeuberg präsentiert sich im Winter häufig schneebedeckt, was für die Südafrikaner natürlich eine ganz besondere Attraktion ist. Im Schutzgebiet der spektakulären Cedarberg Wilderness Area sind unter anderem Leopard, Pavian, Fuchs, Wildkatze und Stachelschwein zu Hause sowie ein Dutzend Schlangenarten, darunter auch Bergotter, Puffotter und sogar eine schwarze, Gift spuckende Kobra. Nach Citrusdal ließe es sich mit dem Kanu den Olifants River hinunterfahren zu den weitläufigen Südfruchtplantagen, die in der Region ein Drittel aller Kap-Orangen (bis zu 60 000 Tonnen Zitrusfrüchte jährlich) produzieren.

Und zu den Rebgärten entlang der beliebten Olifants-Weinroute.

Die Westküste hinauf bis an die Grenze

Das wäre aber noch längst nicht alles, was die West Coast zu bieten hat. Auf anderthalbtausend Kilometern zieht sie sich von Kapstadt am Atlantik entlang nach Norden, bis sich der Oranjefluss in den Weg stellt. Der mächtige Grenzfluss, einst diamantenschwer, heute Eldorado von Wildwasserfahrern, mündet zwischen dem namibischen Oranjemund und dem südafrikanischen Alexander Bay in den Atlantik. Von Steinkopf aus lässt sich über das Küstenstädtchen Port Nolloth der letzte Rest »Wes Kus« bis nach Alexander Bay fahren. Badefreuden kommen auch hier kaum auf, denn ähnlich wie an den namibischen Stränden ist aufgrund des antarktischen Benguela-Stromes das Wasser kalt und die Küstenlandschaft wegen der großen Temperaturunterschiede zwischen Wasser und Luft nicht selten vernebelt, was ein herkömmliches Strandleben nur selten möglich macht.

WEITERE INFORMATIONEN ZUR WEST COAST

Cape Town Routes Unlimited:
www.tourismcapetown.co.za
Citrusdal Tourism: www.citrusdal.info
West Coast National Park:
www.parks-sa.co.za
Für West-Coast-Reisende:
Infos zur »Cape to Namibia Route« unter www.capenamibia.com

Die beeindruckenden Köcherbaumexemplare stehen wie Skulpturen von Künstlerhand im Augrabies Falls National Park; wenige Fahrstunden nördlich finden sich Bilder von San-Frauen, Elandantilopen und endlose Weiten der Kalahari im Kgalagadi Transfrontier Park.

Northern Cape

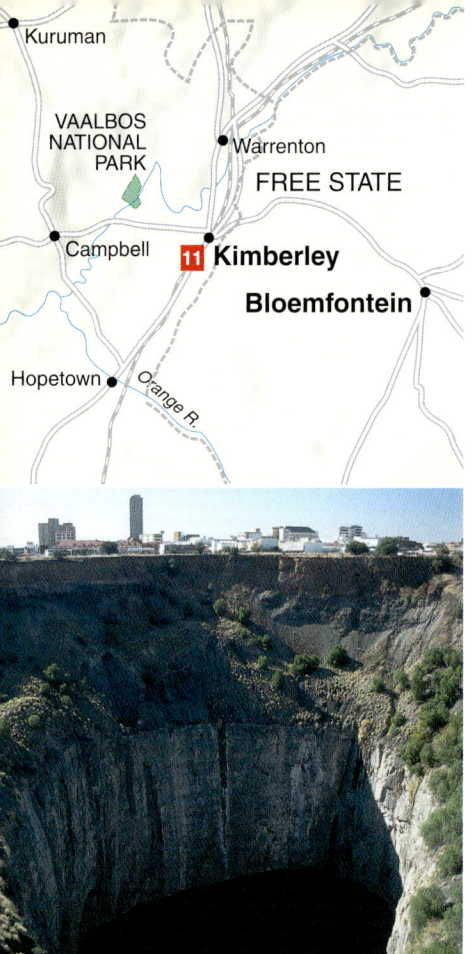

11 Kimberley, die Stadt der Diamanten

Nicht nur Ernest Oppenheimer wurde hier steinreich

Der neu geschaffene, millionenschwere Touristenkomplex »The Big Hole Project« umfasst Hotels, Restaurants, Shops und eine hochkarätige Diamantenausstellung, die erzählt, wie einmal alles begann. Es ist die Geschichte von unermesslichem Wohlstand, der zuzeiten des Diamantenrausches große Namen hervorbrachte wie den des »Diamantenbarons« Cecil Rhodes, der 1880 die »De Beers Consolidated Mines Ltd.« gründete. 1902 kam Ernest Oppenheimer aus Friedberg in Hessen nach Südafrika, wurde Bürgermeister von Kimberley – und reich.

Das größte von Menschenhand gegrabene Loch der Welt ist 215 Meter tief, einen halben Kilometer breit, heißt »The Big Hole« und liegt bei Kimberley, der Hauptstadt der Provinz Northern Cape. Zwischen 1871 und 1914 schafften Diamantenbesessene 22,6 Tonnen Abraum fort, mit einer Gesamtausbeute von 14,5 Millionen Karat, was die einst gottverlassene Gegend im kargen, öden Hochveld südwestlich von Johannesburg aufblühen ließ.

Wie alles begann

Zu verdanken war das dem 15-jährigen Erasmus Jacobs, der 1866 auf der Farm seines Vaters auf einen merkwürdigen Brocken gestoßen war, den man flugs untersuchen ließ. Es handelte sich um einen Diamanten von 21 Karat. In Scharen reisten fortan Glücksritter auf Ochsengespannen an, und Kimberley, die Metropole der Diamanten, entstand. Natürlich nicht gleich in der jetzigen Pracht. Aber schon bald gab es eine richtige Straßenbahn, die heute immer noch fährt, sowie elektrisches Licht und reichlich Bars und Bordelle, wenn auch die Umstände für die schuftenden Minenarbeiter alles andere als rosig waren. Vor allem herrschte Mangel an Wasserversorgung und Kanalisation für die rund 50 000 Diamantensucher, die in armseligen Hütten und Zelten ein knochenhartes Dasein führten. Kimberleys Wohlstand lässt sich an seinen stattlichen Villen ablesen, in denen einst die Diamantenbarone und ihre Clans residierten. Zum Beispiel Cecil Rhodes. Der spätere Premierminister der Kapkolonie kaufte um 1888 eifrig *claims* auf, bis beinahe alles in der Hand seiner Minenge-

Fast alles dreht sich hier um edle Klunker: Das größte Loch der Welt wie die Förderräder historischer Minen und das Spektakel um die Endprodukte (im Bild rechts: farbintensive Halbedelsteine). Die Kneipenszene von damals ist – nebst Bartender und Grammofon – im Kimberley Museum liebevoll nachgestellt.

sellschaft De Beers war. Aber nicht nur Diamanten waren das große Geschäft der Region, auch Kupfer, Eisen, Asbest, Magnesium und andere wertvolle Rohstoffe wurden in unvorstellbaren Mengen an die Oberfläche befördert.

Überall edle Klunker

Heute bietet die 165 000-Einwohner-Stadt neben dem größten Loch der Welt informative Ausstellungen zur Bergwerksthematik im Kimberley-Mine-Museum mit dem weltgrößten Diamanten, in der De Beers Hall mit Diamanten in allen Variationen. Außerdem finden sich bemerkenswerte Büchersammlungen in der African Library sowie erlesene Kunstschätze in zahlreichen Galerien. Stündlich fährt die liebevoll restaurierte Straßenbahn aus dem Jahr 1913 die zwei Kilometer lange Strecke zwischen Big Hole und Kimberleys Rathaus, wobei ein Stopp am Haltepunkt »The Star of the West«, Südafrikas ältester Kneipe, empfehlenswert ist. Ein frisches Fassbier am historischen Holztresen des originellen Pubs aus dem Jahr 1873 ist der passende Abschluss nach einer zünftigen Bergwerksbesichtigung: Ausgerüstet mit Helm, Grubenlampe und Notsauerstoff können Besucher in die Bulfontein-Mine einfahren und den Diamantenabbau in 860 Metern Tiefe hautnah miterleben.

Diamantenfieber heute

Nicht weniger interessant ist eine organisierte Tour zu den Diamantensuchern der Gegenwart, die in der Dornbuschsteppe westlich von Kimberley immer noch ihr individuelles Fördergeschäft betreiben. Oft müssen die vom Diamantenfieber Beseelten monatelang schuften, bis sie überhaupt einen Edelstein finden. Im schlimmsten Fall liegt sein Wert unter 50 Euro, im besten lässt es sich davon eine Weile erträglich leben. Vom großen unterirdischen Reichtum träumt dennoch jeder. Über der Erde steht an der Old de Beers Street sehr fotogen die City Hall aus dem Jahr 1899. Der neoklassizistische Prachtbau tritt als Miniaturausgabe des Weißen Hauses auf, was einen Blick auf die ehrgeizigen Ambitionen der neureichen Stadtväter von damals wirft. Ohne das Oppenheimer House wäre ein Besuch der Diamantenstadt nicht komplett. Großvater Ernest ließ es 1906 in der Lodge Road Nr. 7 in Auftrag geben, noch bevor er 1917 die Anglo American Corporation gründete und 1929 die Leitung des Diamantenkonzerns De Beers übernahm. Sohn Harry folgte ihm nach, leitete den legendären Konzern 60 Jahre lang und wurde zu einer der großen Figuren des südafrikanischen Diamatenkartells.

EDLEN STEINEN AUF DER SPUR ...

sind Kimberley-Besucher auf jeden Fall. Ob auf einer Tour zu den vom Diamantenfieber befallenen Diggern, die auch heute noch ihr Glück versuchen, oder auf der Diamantenroute zwischen Bloemfontein, Jagersfontein, Fauresmith und Koffiefontein (Diamond Tours Unlimited, www.diamondtours.co.za) oder im Shoppingparadies Kimberley selbst: Wer scharf auf feine Steinchen ist, erlebt in zahllosen Juweliergeschäften im Zentrum sowie in den Shopping Malls die Qual der Wahl. Achtung: Beim Kauf eine VAT-taugliche Quittung verlangen, nur damit wird die Value Added Tax (Mehrwertsteuer) vor der Ausreise am Flughafen erstattet – was ja bei hochkarätigen Klunkern schon ein kleines Vermögen für sich sein kann.

WEITERE INFORMATIONEN ZU KIMBERLEY

Tourism Kimberley:
www.kimberley.co.za
Northern Cape Tourism Authority:
www.northerncape.org.za,
www.northcape-venues.co.za

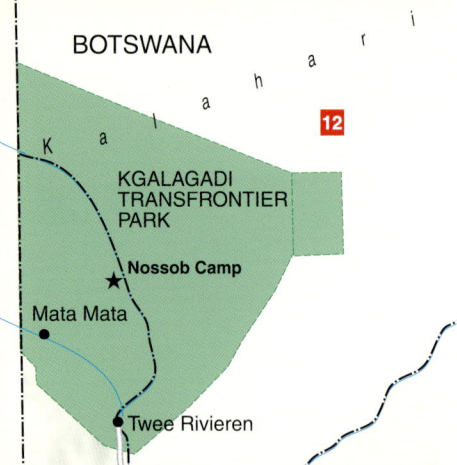

BOTSWANA

KGALAGADI
TRANSFRONTIER
PARK

12

★ **Nossob Camp**

● Mata Mata

● Twee Rivieren

12 The Song of the Kalahari

Große Raubkatzen und steinzeitliche Buschleute

Am Abend dämmert die Wüste in blutroten Tönen vor sich hin, während die Sonne langsam versinkt. Als Schattenrisse tauchen Büsche und Bäume aus dem blasser werdenden Pastelllicht auf. Webervögel schwirren wie verrückt um ihre riesigen, klobigen Nester, die dunkel im Gegenlicht von ihren Wirtsbäumen hängen. Eiseskälte breitet sich schnell aus. »The Song of the Kalahari« nennen die Park-Ranger dieses beinahe außerirdische Drama, das sich allabendlich wiederholt.

»Bosjemans« nannten die holländischen Buren die Ureinwohner, die San, deren Heimat die Kalahari war mit ihren riesigen Sanddünen und großen Antilopenherden. Heute leben die südafrikanischen Buschmänner und -frauen an den Rändern des Kgalagadi Transfrontier Park (rechts) und fristen ein mageres Dasein.

Die Kalahari-Wüste gilt mit 1,2 Millionen Quadratkilometern als das größte zusammenhängende Sandgebiet der Welt. Sie ist um ein Vielfaches so groß wie Großbritannien und verteilt sich auf die drei aneinander grenzenden Länder Südafrika, Botswana und Namibia. Mit ihren gewaltigen Sanddünen, die je nach Sonnenstand extrem wechselnde Farbspiele vorführen, zählt sie zu den spektakulärsten Erlebnissen des südlichen Afrika. Nicht nur der ungewöhnlichen Stimmungen wegen, die ihre Reize hervorrufen. Sie ist auch die Heimat der San, steinzeitlicher Buschmenschen, die hier ihr Überlebenswunder vollbringen, sowie Tausender Wildtiere: Oryxantilopen, Hyänen, Wüstenluchse und Wüstenfüchse, Streifengnus, Schakale und Löffelhunde. Sogar seltene Geparden zeigen sich dann und wann, und, mit viel Glück, die großkalibrigen Exemplare der besonders massigen Kalahari-Löwen.

Park ohne Grenzen

Die schönsten Gebiete auf südafrikanischer Seite umfasst der ehemalige Kalahari Gemsbok National Park, und auf der botswanischen der Gemsbok National Park, beide existieren schon seit den 1930er Jahren. Zur Jahrtausendwende unterschrieben die Präsidenten Botswanas und Südafrikas ein bis dahin beispielloses grenzüberschreitendes Projekt, was aus den beiden nationalen Schutzgebieten den neuen Kgalagadi Transfrontier Park geschaffen hat. Damit war der erste »Park ohne Grenzen« Realität, der mit 35 000 Quadratkilometern fast doppelt so groß ist wie der Krüger-Park. Die Grundidee der südafrikanischen Peace Parks Foundation war, Tiere freizügiger wandern zu lassen, ohne dass sie durch Stacheldrahtzäune behindert werden, die sie von der natürlichen Migration abhalten. Auch setzte man auf die Vorteile eines gemeinsamen Park-Managements, zum Beispiel in der

60

Bekämpfung der immer noch präsenten Wilderei sowie auf mehr Gemeinsamkeit der beteiligten Staaten. Zum bestehenden Kgalagadi Transfrontier Park könnte eines Tages noch ein namibischer Teil diese grenzenlose *thirstland wilderness* der Kalahari erweitern, die von Zehntausenden Besuchern jedes Jahr besucht wird.

Safari in der Kalahari

»Ervaar die Wonderwereld van die Kalahari«, lesen Neuankömmlinge über die »dorstige Woestyn«, wenn sie sich in einem der drei Camps »Mata Mata«, »Nossob« und »Twee Rivieren« auf südafrikanischer Seite anmelden, um im eigenen Wagen auf Safari zu gehen: »Plante, diere, voëls en insekte perfek aangepas in'n unieke eko-sisteem.« Auch überlebenswichtige Verhaltensregeln sind für die Wildnisbesucher aufgelistet: Wer hier unvorsichtigerweise aussteigt und sich fototechnisch zwischen einer Puffotter und einem Kalahari-Löwen nicht schnell genug entscheidet,

hat die Anpassung ans einzigartige Ökosystem ganz sicher verpasst. Besucher der Kalahari, die über rötlich glühende Sandberge und fotogene San-Frauen hinaus schnell Spektakuläres erwarten, könnten allerdings enttäuscht werden. Eine monotone, vertrocknete Landschaft brütet in großer Hitze erstarrt vor sich hin, es sei denn, ein paar Springböcke oder Antilopen haben Lust zu hüpfen, wenn sie vom Motorenlärm aufgeschreckt von der Fahrpiste flüchten. Entlang der beiden Trockenflüsse Auob und Nossob, die so gut wie nie »flüssig« sind, bieten Wasserbohrlöcher mit sinnfälligen Bezeichnungen wie Lekkerwater und Dankbaar eine Chance, Tiere aus der Nähe zu sehen, aber von Geparden und Löwen findet sich in der Hitze des Tages meist keine Spur. Dafür lassen sich Strauße, Sekretärsvögel und Braunadler blicken. Nachts gehen Weißgesichtohreulen, Schleier- und Zwergohreulen sowie Perlkauze auf die Jagd, und dann auch die sonst nur selten auszumachenden Raubkatzen.

WEITERE INFORMATIONEN ZUM KGALAGADI TRANSFRONTIER PARK

Northern Cape Tourism Authority:
www.northerncape.org.za

Luxus-Oase für Mensch und Tier im kargen Nirgendwo: Bolers Tswalu Private Desert Reserve (heute im Besitz von Nicky Oppenheimer vom De Beers-Diamantenkonzern) beherbergt Tausende von Wildtieren, aber nie mehr als drei Dutzend Gäste. Die Fünf-Sterne-Lodge »The Motse« zählt zu den schönsten in ganz Afrika.

13 Arche Noah der Wildtiere: Tswalu

Tollkühnes Experiment für die Zukunft afrikanischer Wildtiere

Wenn Tswalus Ranger im Cockpit ihres Microlight-Fliegers weite Runden drehen, werden Löwen, Hyänen, Giraffen, Geparden und Nashörner penibel gelistet, um festzustellen, dass keine der wertvollen Preziosen verschwunden ist. In der Regel verhindern dies 586 Kilometer lange Zäune, die teilweise unter 9500 Volt Spannung stehen. Nur Leoparden lassen sich von der aufwendigen Elektrik nicht beeindrucken und wuseln sich trotzdem irgendwie durch.

Nach sandiger Piste taucht jenseits der Ortschaft Hotazel Tswalu auf, was in der Tswana-Sprache soviel heißt wie »der neue Anfang«. Und der begann am Rand der endlosen Weite der Kalahari-Wüste, zwischen den pittoresken Ketten der Korannaberge, mit einem der größten privaten Tierumsiedlungsexperimente, die Afrika bislang gesehen hatte. Zu danken war das Mammutprojekt dem britischen Multimillionär und Großwildjäger Stephen Boler.

Platz für die Wildnis

Denn als der Brite 1988 in Tansania feststellte, dass von 5000 Schwarzen Nashörnern nach zehn Jahren nur noch ein Dutzend existierte, wurde aus dem Mann mit der Flinte ein fanatischer Tierschützer und eine Idee geboren, die verrückt anmutet: Wie sonst konnte jemand 20 Millionen Dollar in den Sand der Kalahari-Wüste setzen? Und Tausende wilde Tiere in ganz Afrika zusammenkaufen, um sich damit eine moderne Version der Arche Noah zu basteln. Schon bald erstand der Küchentycoon aus Manchester die erste Farm am Rande der Wüste. Dann noch eine, und noch eine. Insgesamt wurden 28 Farmhäuser gekauft und anschließend abgerissen. 2300 Strommasten, 1000 Kilometer Farmzäune, 38 Wasserbehälter aus Beton, 200 Kilometer Straßen und 10 000 Stück Vieh mussten weichen. Der Traum, das Land den wilden Tieren zurückzugeben und die Wildnis wieder auferstehen zu lassen, rückte der Wirklichkeit langsam näher. Auf insgesamt 100 000 Hektar, einer Fläche größer als die ganz Berlins, konnten die Umsiedlungsaktionen beginnen. Für rund sieben Millionen Dollar kaufte Boler 1100 Springböcke, 1100 Gnus, 420 Kudus, 650 Oryx- und Elandantilopen, 250 Zebras, sieben Löwen und Tausende anderer großer Wildtiere. Die Krönung

seines Großeinkaufs waren acht Spitzmaulnashörner zum Gesamtpreis von 560 000 Dollar. Der Supermarkt der Tiere findet auf sogenannten *game auctions* statt, im Krüger-Park, in Kuruman, in Natal, Namibia oder auch in Botswana. Beim nächsten Shopping standen zehn Elefanten auf einem Lieferschein aus Windhoek.

Tierschutz und wirtschaftliches Denken

Mit seinem Experiment und dem Tswalu-Kalahari-Reservat hat der Brite sich selbst ein Denkmal und zugleich neue Maßstäbe für den Tierschutz gesetzt. Nach der Maxime, dass Mehrwert nur durch Investitionen zu erreichen ist, womit der zusätzlich zu schaffende Lebensraum für die Tierwelt gemeint ist. Renditen steuern Kapitalströme, selbst in der Wüste. Tswalu finanziert sich anteilig aus Fotosafaris, Ökotourismus, Jagdgästen sowie einträglichen Tierverkäufen aus Zucht und natürlichen Überschüssen.

Tswalu stellt Hunderte von Arbeitsplätzen und verhilft bedrohten Tierarten zur Fortpflanzung, die ohne menschliches Eingreifen aussterben würden. Zweiflern, denen Elektrozäune, künstliche Wasserstellen, tierärztliche Betreuung sowie Hubschraubereinsätze in Verbindung mit Wildnis unbehagliche Gefühle bereiten, pflegte der unermüdliche Motor der Tswalu-Arche mit auf den Weg zu geben, dass ohne ökonomischen Input ökologischer Output nicht machbar sei. Und hier, auf Tswalu, da hatte er recht, gab es vor seinem Arche-Noah-Experiment keine wilden Tiere mehr. Heute sind es über 12 000, die regel-

recht produziert und in alle Teile Afrikas exportiert werden. Dorthin, wo begehrte Spezies inzwischen längst ausgerottet sind.

Edelherberge im Nirgendwo

Tswalus Besucher nächtigen in beeindruckenden Fünf-Sterne-Herbergen, die zu den schönsten Game Lodges im südlichen Afrika zählen. Naturmaterialien, reetgedeckte Runddächer, versetzte Wohnebenen sowie Panoramascheiben, die den Blick vom Bett oder Kaminplatz auf die Wasserlöcher der Tiere und die weite Savanne freigeben, kreieren ein ungewöhnliches Ambiente. Die Interieurs stellen handverlesene Schätze afrikanischer Wohnkultur aus, und im Außenbereich wurden die Wüstendomizile so optimal an die Umgebung angepasst, dass sie aus der Ferne kaum auszumachen sind. Etwas abseits liegt Bolers ehemaliges Privatdomizil, dem der Hausherr auf tragische Weise abhanden kam: Als sein Falcon-Jet im Oktober 1998 auf der 1500 Meter langen Landebahn Tswalus ausrollte, war das die letzte Ankunft in seinem geliebten Tierparadies. Im Zentrum seines Lebenswerks erwischte den 55-jährigen Ex-Großwildjäger ein Herzinfarkt. Seine Arche Noah hat die Oppenheimer-Familie, eine der reichsten Familien Südafrikas (De Beers-Diamantenkonzern), übernommen. Einen besseren Garanten für sein Tierschutzprojekt als »Nicky« Oppenheimer, mit dem Boler lange eng befreundet war, hätte er nicht finden können. Und die wilden Tswalu-Exoten keinen tierfreundlicheren Hausherrn: Denn der hat die Jagd auf Wildtiere auf Tswalu inzwischen abgeschafft.

WALK ON THE WILDSIDE

Jonathan arbeitet als *senior game driver* in einer der privaten Wildreservate, die versteckt an der Strecke zwischen Tswalu und Johannesburg liegen. Schon das koloniale Ambiente der ehemaligen Farm, erbaut 1907 inmitten bildschöner Savannenlandschaft, versprüht den historischen Charme alter Zeiten. Zum Sonnenuntergang zaubert er Gläser und eiskalten Champagner aus einer Kühlbox hervor und lächelt mit ausgeglichener Ruhe im tiefschwarzen Gesicht auf die Frage, wie denn so ein Leben inmitten der Wildnis sei. »Beruhigend und aufregend«, antwortet der Vater von vier Kindern, der seit 40 Jahren hier zu Hause ist. Weil er so leben kann, wie er als kleiner Junge aufwuchs, sagt er, in der weiten, geliebten Savanne. Und: ganz nahe dran an den großartigen Wildtieren.

WEITERE INFORMATIONEN ZU TSWALU

Tswalu Kalahari Reserve (bei Kuruman):
tswalu@relaischateaux.com,

www.tswalu.com

Ein Traum am Oranje: die Herbergen der Le Must Premier Collection, auf Fünf-Sterne-Niveau.

14 Upington, wüstenumzingelt

Oase zwischen Palmtree Avenue und Oranje-River

In Upington, nur wenige Fahrstunden südlich der Kalahari, fließt Wasser satt: Hier strömt der mächtige Oranje durchs vertrocknete Land und sorgt mit ausgedehnten Bewässerungssystemen für paradiesische Kontraste. Weshalb an seinen durchfluteten Ufern zivilisatorische Annehmlichkeiten der besonderen Lebensart warten. Das 1871 als Missionsstation gegründete Agrarstädtchen kann sich nicht nur einen ausgedehnten Weinanbau leisten, sondern auch Trauben- und Rosinenexport, Obstplantagen, Getreidefelder, Datteln und Baumwolle.

Das schönste Ambiente verbreitet sich entlang des Oranje-Nordufers, weil sich dort exquisite Gästehäuser mit feinem Antiquitäten-Interieur in liebevoll restaurierten georgianischen Villen etabliert haben, deren überbordende Gärten die naturbelassenen Wasserwelten des Oranje wie auf der Filmleinwand vorführen. Besonders verlockend sind hier die stilvollen Kolonialherbergen der Le Must Premier Collection.

INFORMATIONEN: www.lemustupington.com, www.northerncape.org.za

15 Augrabies Falls und Moon Rock

Felsskulpturen und lärmendes Wasser

Über 50 000 Kubikmeter Wasser pro Sekunde lässt der Oranje westlich von Upington in den Augrabies Falls bis zu 75 Meter tief abstürzen. Bei einer der letzten Hochwasserfluten drückte der Fluss unvorstellbare 7,8 Millionen Kubikmeter pro Sekunde durch die Schluchten, was die Augrabies-Fälle neben Giganten wie Niagara und Victoria zu den sechs größten der Welt macht. In mehreren Kaskaden rauschen die Oranjefluten insgesamt 190 Meter abwärts, weshalb die Khoisan die Fälle als »Ort des großen Lärms« (»akurabis«) treffend

beschreiben. Atemberaubende Wildwasserfahrten ziehen Adrenalinjunkies aus aller Welt an, und der Moon Rock fasziniert Liebhaber kurioser Felsformationen: Extrem hohe Temperaturunterschiede haben durch Verwitterung skurrile Gebilde wie den rundlichen Mondfelsen hervorgebracht, der es im Sommer locker auf eine Oberflächenhitze von bis zu 70 Grad schafft. Wer dann immer noch auf dem schwarzen Granitbrocken herumklettert, dem schmelzen die Sandalen.

INFORMATIONEN: Augrabies Falls National Park, www.parks-sa.co.za

Mit ungestümer Gewalt drückt der Oranje durch bizarre Schluchten.

16 Richtersveld National Park

Von heißen Tälern und gefalteten Bergen

Das Richtersveld, geografisch der Fort-
satz des namibischen Fish River Canyon,
gilt als eine der spektakulärsten Gebirgswüsten im südlichen Afrika. In den
großflächigen Schutzgebieten des
gleichnamigen Nationalparks zwischen
Oranje-Fluss und der Südgrenze Namibi-
as lassen sich die Schönheiten einer entrückten Natur sowie seltene Tierarten in
totaler Einsamkeit genießen. Wegen
begrenztem Einlass sind die Unterkünfte
bei der Parkverwaltung im Voraus zu
buchen, man gelangt ausschließlich im
Geländewagen dorthin.

Die halbwüstenartigen Landschaften des
wildesten Nationalparks Südafrikas sind
karg, seine spektakulären Gebirgswüsten
magnetisch, für raubeinige Individualisten ist das Richtersveld *the last frontier*.
Schon ist auch hier ein neuer grenz-
überschreitender Park in Sicht: die
geplante Zusammenlegung mit dem
namibischen Ais-Ais-Fish-River-Canyon
zum Ais/Ais/Richtersveld Transfrontier
Park.
INFORMATIONEN: Northern Cape Tourism, www.northerncape.org.za;
ww.northcape-venues.co.za

Erdhörnchen in den endlosen Weiten des
vor Hitze brutzelnden Richtersveld National Park.

17 Wenn die Wüsten erblühen

Märchenhafte farbige Blumenteppiche

Springbok, Hauptstadt des Namaqua-
lands, entstand Mitte des 19. Jahrhunderts am Rand einer riesigen Kupfermine
und ist heute die Metropole der nördlichen Wildblumengebiete. Einmal im
Jahr (meist zwischen August und Oktober) erwacht die graubraune Eintönig-
keit, wenn es genügend Winterregen
gibt und ein bunter Blumenteppich
explosionsartig aus dem vertrockneten
Erdboden schießt. An die 400 ein- und
mehrjährige Pflanzenarten sind an der
Farborgie beteiligt. Mit etwas Glück sind
im nahen Goegap Nature Reserve nicht

nur die wundersam blühenden Exponate
dieser Halbwüstenvegetation zu sehen,
sondern auch Antilopen, Bergzebras und
seltene Vögel. Zwischen Springbok und
dem 75 Kilometer südlich gelegenen
Kamieskron (das kuriose Kamieskroon-
Hotel ist Treffpunkt von Fotografen und
Blumenfans) gerät eine Fahrt auf der
Panoramastraße während der Blütezeit
zum perfekten Blumentraum.
INFORMATIONEN: www.parks-sa.co.za,
Northern Cape Tourism, www.northern-
cape.org.za; ww.northcape-venues.co.za

Schier unglaublich ist die Blütenpracht
im Namaqualand National Park.

Einen Bildertraum ohne Ende bietet das Eastern Cape nicht nur mit seinen eigensinnigen Addo-Elefanten, Coffee Bays »Hole in the Wall« (oben), fotogenen Hirtenjungen und rauschenden Wasserfällen. Eine der besonderen Veranstaltungen inszenieren die schönen Magwa Falls.

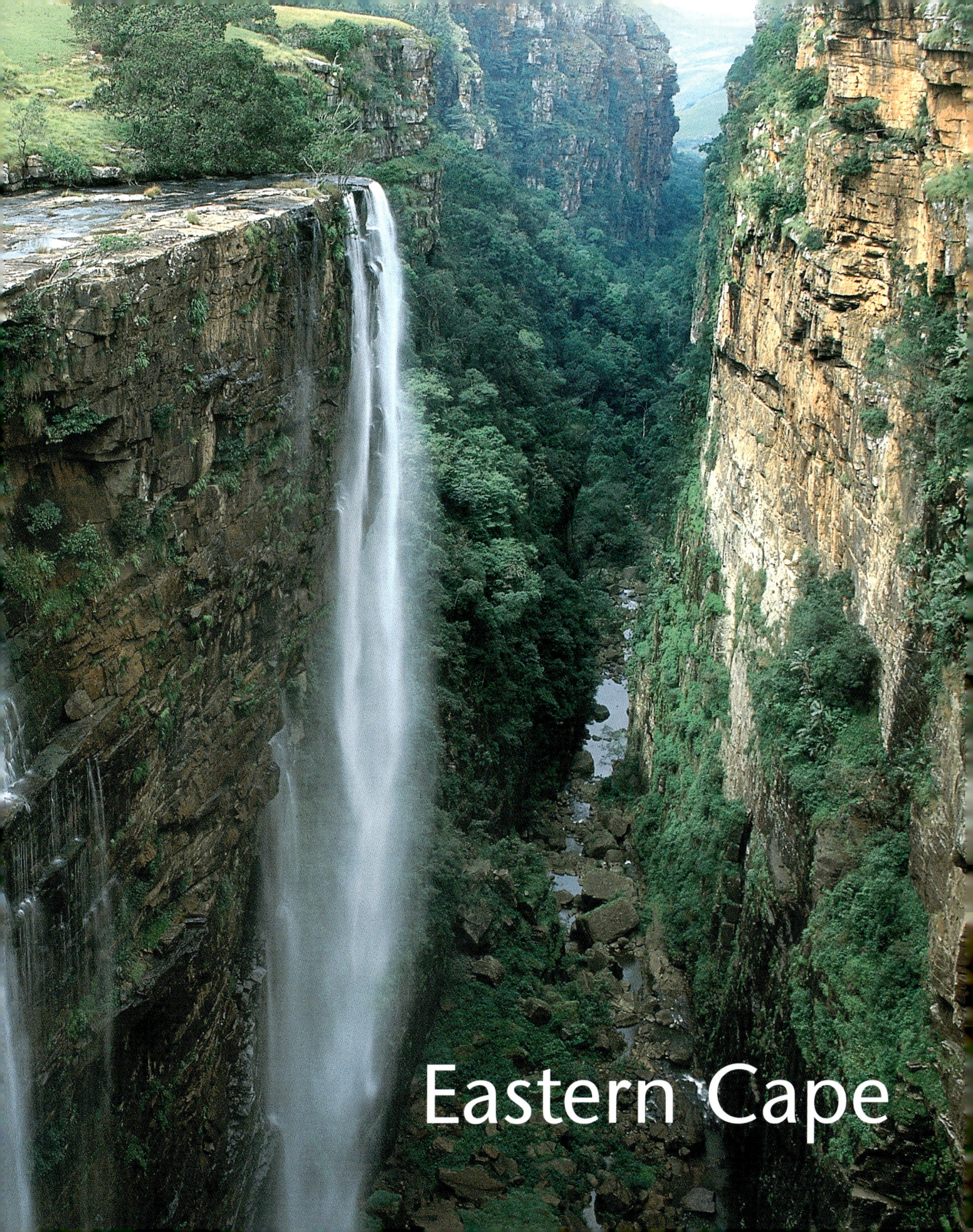

Eastern Cape

18 Grahamstown: Szene, Kunst und Kirchen

Studenten, Künstler und trendiges Jungvolk

Auf halber Strecke zwischen Port Elizabeth und East London versteckt sich im grünen, hügeligen Küstenhinterland die Hauptstadt des »Settler Country«, Grahamstown, wobei sich der Hinweis auf die Neu-Siedler von damals allein schon durch Ortschaften in der Umgebung wie Hamburg, Berlin, Braunschweig, Bethel und Breitbach erklärt. Grahamstown selbst ist allerdings »very british« und ein besonders feines Stück England unter afrikanischer Sonne.

Als jährliches Highlight hat die urbane Perle eines der spektakulärsten Kulturfeste der Welt, das »Grahamstown Arts Festival«, aufzubieten. Und jeden Tag Traumkulissen wie die der Grahamstown University (rechts oben) sowie die Seaside-Atmosphäre von Port Alfreds Marina (rechts unten).

Als der britische Colonel John Graham an der Ostgrenze der damaligen Kapkolonie seinen Militärposten einrichtete, waren die ersten Scharmützel zwischen landhungrigen Kolonialisten und ansässigen Xhosa bereits im Gange. Wenige Jahre später, 1820, landeten Tausende Neusiedler in Port Elizabeths Algoa Bay. Schnell entwickelte sich die Soldatengarnison zum zweitgrößten Handelszentrum der Kolonie und wuchs zu einem hübschen, wohlhabenden Städtchen heran. Was ihm schon bald den Beinamen »Stadt der Heiligen« eintrug. Denn immer mehr prachtvolle Kirchenbauten wuchsen aus dem Mutterboden der Xhosa in den christlichen Himmel. Über vierzig. Bis heute versinnbildlicht der Turm der Bischofskirche Cathedral of St. Michael and St. George (1824) die Dominanz der Kolonialmacht, als steinerner Zeuge grausamster

Gemetzel. Genau hier fanden sie statt – als Xhosa-Führer Makana mit 9000 Mann angriff, um sich gegen die totale Unterwerfung zu wehren. Es floss sehr viel Xhosa-Blut, und die beschämten Verlierer wurden ins ärmliche Homeland Transkei zwangsumgesiedelt, während die Apartheidspolitik den Weißen die schönsten Regionen des Landes reservierte. Bis zum heutigen Tag bleibt unvergessen, was hier einmal geschah.

Im Rausch der Sinne

In der Gegenwart kommt das 100 000 Einwohner starke Grahamstown als beeindruckendes Freilichtmuseum daher. Auf den ersten Blick jedenfalls, wie seine georgianisch-viktorianischen Architekturschätze beweisen. Auf den zweiten lässt sich spüren, dass sich hier ein interessantes Szenestädtchen entwickelt hat, was ein viel spannenderes Thema ist als

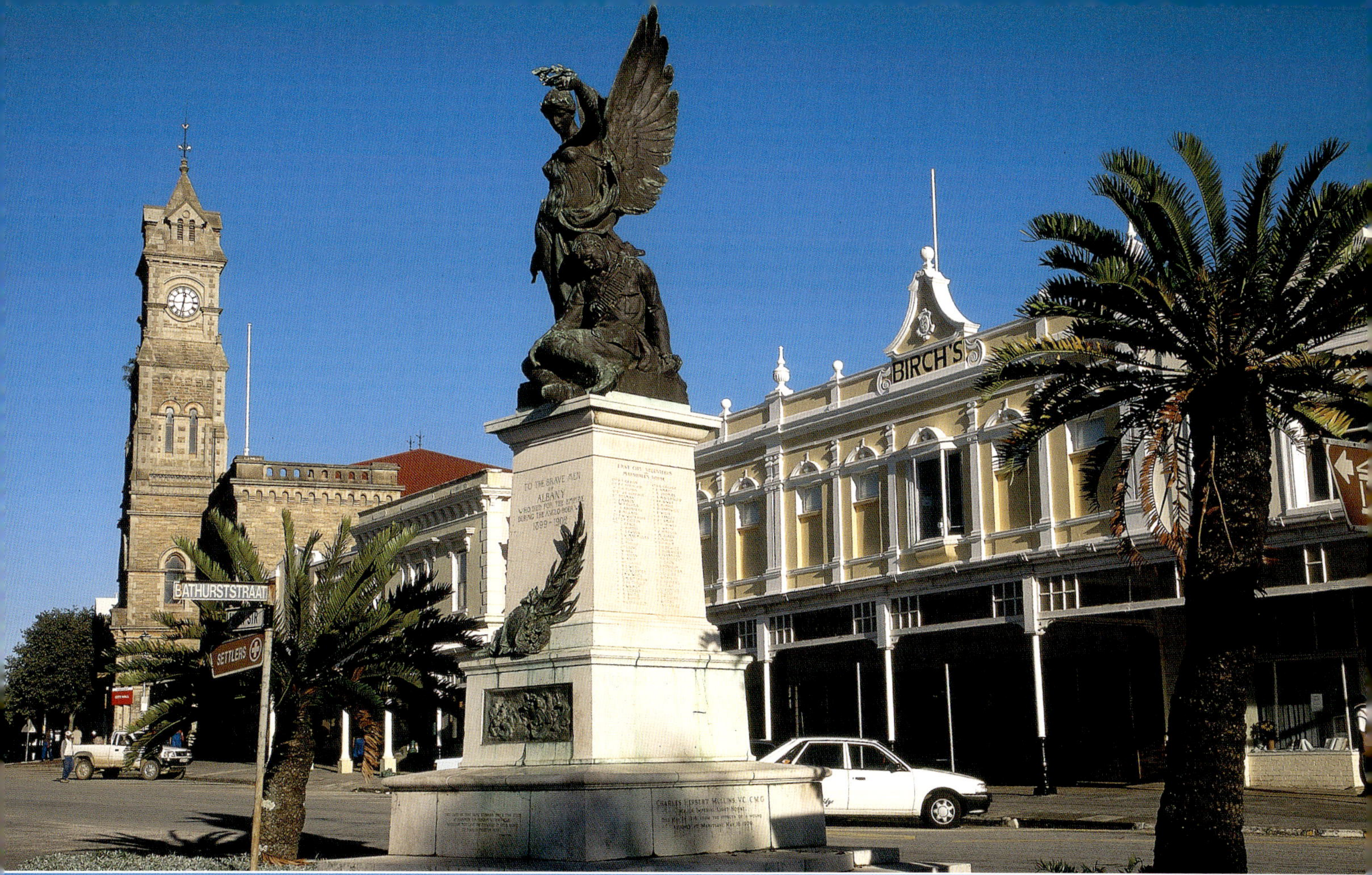
BATHURSTSTRAAT
SETTLERS
BIRCH'S

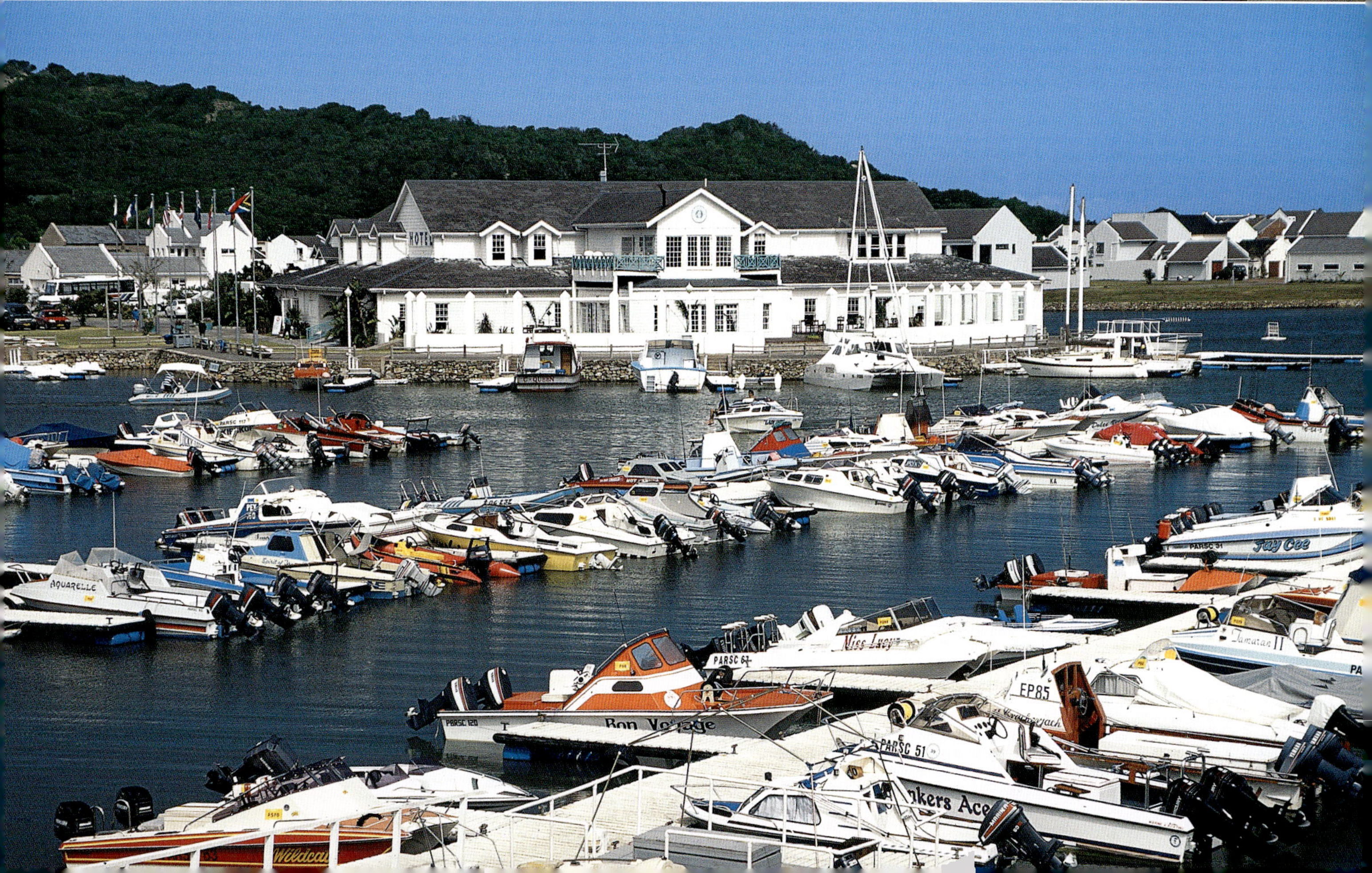
Bon Voyage
Wildcat

Die feine Lebensqualität der Eastern Cape Province lässt sich nicht nur an stattlicher Architektur ablesen (oben: Market Square in Port Elizabeth), sondern auch an den Spielwiesen vor der Haustür: Strandenklave von Port Alfred (rechts unten), Surfer bei Jeffreys Bay (ganz rechts) und das Cape St. Francis Lighthouse (oben).

der reichlich vorhandene Fundus seiner Museen. Dazu nur dieses: Den höchsten Nachfragewert von allen verzeichnet mit Abstand das hübsche und natürlich ziemlich trendige Observatory Museum, das Ende des 19. Jahrhunderts das Haus eines gewissen Henry Galpin war, der als Uhrmacher, Astronom, Juwelier und wissenschaftlich engagierter Zeitmesser in seinem Forschungslabor werkelte, wo sich heute noch seine berühmte »Camera obscura« aus dem Jahr 1882 bewundern lässt. Sowie seine alte Goldschmiedewerkstatt. Über 200 traditionelle Instrumente aus ganz Afrika stellt die International Library of African Music aus und bietet darüber hinaus Interaktives an: Kurse in afrikanischer Musik, das Ausprobieren verschiedener Instrumente sowie eine einzigartige Hörbibliothek. Fort Selwyn, 1836 auf dem Gunfire Hill als Signalstation entstanden, ermöglicht die herrlichsten Aussichten auf Grahamstown, was vermutlich mehr Besucher hier heraufbringt als seine militärhistorische Sammlung.

Investition in Bildung

Unten, zwischen den Kirchbauten, gibt eine Fülle traditionsreicher Schulen Auskunft über britische Tradition und das Bildungsstreben der Stadt. Ihre Aufzählung (St. Andrew's College, 1855, St. Aidan's College,1862, Graeme College, 1873, die Diocesan School for Girls, 1878, Kingswood College, 1894, und die Victoria Girls' High School, 1897) ist unvollständig, vermittelt aber einen Eindruck vom urbanen Geistesleben. Die absoluten Top-Schulen produzieren den nötigen intellektuellen Drill, um Sprösslingen bildungsbewusster Eltern die Tore der Rhodes University zu öffnen. Die altehrwürdige Universität aus dem Jahr 1904 gilt als eine der besten des Landes, was sich bei 5000 Studenten auch an zahllosen Pubs, Bars, Restaurants sowie einem umtriebigen Kulturprogramm ablesen lässt. Längst ist das urbane Kleinod von etablierten Künstlern sowie Vertretern des modernen Geldadels entdeckt worden, weshalb zunehmend Attribute wie jung, reich und schön in der Stadt angesagt sind. Als Kulminationspunkt kulturellen Überschwangs findet hier seit 1974 alljährlich Südafrikas National Arts Festival statt, das sich gerne mit dem weltberühmten Edinburgh International Festival (seit 1947) vergleicht. Das zehntägige Kunst- & Kulturspektakel zieht sein spezielles Publikum aus aller Welt und allen Landesteilen an, mit Hunderten verschiedener Programme und über 1000 Einzelaufführungen von Folklore über Jazz bis zu Oper und Theater aller Art sowie einem riesigen Kunsthandwerksmarkt auf dem Village Green im Herzen der Stadt, mit zahllosen Ess- und Trinkbuden. Rund 1000 Händler und Stände sollen es sein, was die Größenordnung des Festivals auf einfache Weise erfasst.

Nature's paradise: Vor der Haustür

Nur 60 Kilometer sind es von hier bis zur Küste des Indischen Ozeans, was den trendigen Städtern auch noch ein mediterranes Lebensgefühl verschafft. Auf dem kurzen Weg ins Seebad Port Alfred (knapp 50 000 Einwohner) liegt der kleine Ort Bathurst, selbstredend »very british«, mit engen Gassen, englischer Landhausarchitektur und akkurat geschnittenen Vorgartenhecken. Nach

der Erkundung des benachbarten Watersmeeting-Naturreservats am Kowie River lässt es sich bei frischem Fassbier in der »Bathurst Arms 1820 Tavern« vortrefflich pausieren, bevor es nach Port Alfred weitergeht. Im verschlafenen Hafenstädtchen zwischen Fish River und Bushmans River wird es nur am Wochenende lebendig, wenn sich Rhodes-Studenten am Strand (und danach in Restaurants, Bistros, Bars und Diskotheken) von ihren anstrengenden *lectures* erholen. Oder wenn in der Hauptsaison zwischen Dezember und Januar Urlauber aus den nahen Industriestädten Port Elizabeth und East London zum Ausspannen anrücken. Die Liste der angebotenen Aktivitäten kommt deshalb nicht zu kurz: Pferdesafaris, Bootstouren, Kanufahrten, Tauchschule, Golfplatz, alles bestens organisiert, und selbst Surfer finden hier ausreichend kräftige (und die richtigen) Wellen für ein temperiertes Brettervergnügen bei Wassertemperaturen zwischen 18 bis 24 Grad. Angler und Ornithologen genießen ihr Paradies im weiten Mündungsgebiet des Boesmans Rriver, der flussauf mit kleineren Booten auf rund 50 Kilometern befahrbar ist. Und Liebhaber schöner Küstenlandschaften kommen zwischen Wanderdünen, herrlichen Sandstränden und kleinen, aber feinen Naturreservaten voll auf ihre Kosten.

MT ZEBRA
NATIONAL
PARK
• Cradock

King William's Town •

ADDO ELEPHANT
NATIONAL PARK
19
Grahamstown •

Port Alfred •

Jeffrey's Bay
Humansdorp
Cape St. Francis S u n s h i n e   C o a s t

Port Elizabeth

Eine verschreckte Oryxantilope macht ebenso viel her wie ein friedlich grasendes Rhino. Aber wer hierher kommt, sucht vor allem die Stars dieser Wildtier-Manege, die eigensinnigen Addo-Elefanten. Die sehr speziellen Rüsseltiere sind die unbestrittenen Sieger im Kampf mit dem Menschen um die Natur.

19 Beinahe schon fort

Addo Elephant Park: die Nachkommen von Querköpfen

Nur eine knappe Fahrstunde von Port Elizabeth entfernt lassen sich seltene Spitzmaulnashörner, Kap-Büffel, Kudus, Buschböcke, Warzenschweine und Antilopen beobachten. Und, natürlich, ziemlich viele Elefanten, weil es sich bei dieser Tieroase um ein ganz besonderes Reservat handelt und nicht um einen »normalen« Nationalpark, was einer wahrhaft legendären Geschichte zu verdanken ist.

Berühmt und groß geworden ist das ständig wachsende Schutzgebiet durch seine bewegte Vergangenheit, einer Geschichte, die vom mutigen Widerstand der Elefanten erzählt. Gegen die weißen Siedler. Und von einem Sieg der Dickhäuter.

Heftige Gegenwehr

So spielte sich das Drama der »Addos«, wie die speziellen Unikate liebevoll genannt werden, ab: Viele von ihnen hatten die Elfenbeinjäger gegen Ende des 19. Jahrhunderts ohnehin nicht übrig gelassen, es war ihnen nicht anders ergangen wie den restlichen Kollegen der *Big Five*. Der letzte Löwe der Region wurde 1849 erlegt, wenige Jahre später das letzte Nashorn. Also konzentrierte sich die Großwildjagd fortan auf die noch existierenden Elefanten, von denen im Jahr 1870 immerhin Restbestände von 300 gezählt wurden. Die Jagd nach Stoßzähnen war ein einträgliches Geschäft. Tonnenweise wurde Elfenbein nach Port Elizabeth geschafft

und dort in alle Welt verschifft. Zusätzlich schränkte sich der Lebensraum der Tiere immer weiter ein. Was die noch lebenden Addos, Nachkommen einer besonderen Kap-Spezies, aggressiver und angriffslustiger als je zuvor auftreten ließ. Sie verwüsteten absichtlich die Felder und Gärten der weißen Farmer, die auf den angestammten Elefantenpfaden zu den Tränken am Sundays River im Weg waren, jedenfalls erzählen das die Anekdoten, die sich um den besonderen Eigensinn der Addo-Rüsseltiere ranken. Immer störrischer verhielten sie sich, immer lauter wurde der Protest der Farmer gegen deren Übergriffe, bis ein kriegserprobter Major namens Philip Pretorius damit beauftragt wurde, das Elefantenübel nachhaltig zu unterbinden. Der Major schoss in kürzester Zeit 120 der Tiere ab. Nur 16 überlebten das Schlachten.

Die Unruhe nach dem Sturm

Als nur noch elf der prachtvollen Tiere übrig waren und der Bestand endgültig

gefährdet war, setzte Protest in der Bevölkerung ein. Der war lautstark genug, die von der Ausrottung bedrohte Art der Addos (etwas kleiner und von eher bräunlicher Fellfärbung im Vergleich zu den ganz großen Brüdern) zu retten. Daraufhin wurde für die noch verbliebene Addo-Familie im Jahr 1931 ein Wildreservat eingerichtet, der heutige Addo Elephant National Park. Womit die leidvolle Geschichte noch nicht zu Ende ist. Denn die durch die Schießwut der Menschen verschreckten Tiere versuchten wiederholt aus ihrem Terrain auszubrechen. Einmal belagerten sie einen nahe gelegenen Bahnhof und wollten freiwillig nicht weichen. Ein andermal, so wird erzählt, setzte sich eine Elefantenkuh kurzerhand auf einen Wilddieb, weil dieser versucht hatte, an ihr Elefantenbaby zu kommen. Von dem Herrn blieb nur wenig übrig. Selbst die Arbeiter des Parks lernten zeitweilig das Fürchten und mussten ein ums andere Mal die Flucht ergreifen, um sich vor der Angriffslust der tobsüchtigen Tiere zu retten. Oft genug türmten sie Hals über Kopf. Als einmal ein Addo-Elefant von seiner Herde getrennt und in einen anderen Park umgesiedelt wurde, tötete er dort einen Menschen und kippte später aus Wut einen Lastwagen um. Ihr Verhalten brachte den Addos den Ruf ein, viel aggressiver als andere Artgenossen zu sein. Inzwischen sind sie friedlich, und im Park leben jetzt wieder Hunderte dieser sehr eigenen Exemplare, die sich auf zahlreichen Routen beobachten lassen. Dazu gibt es im Addo Elephant National Park über 200 Vogelarten, darunter Strauße, Sekretäre, Spechte und Trappen. Längst wurde der ursprüngliche Nationalpark durch Landkäufe vergrößert und soll in der Zukunft als »Greater Addo« bis auf 3.600 Quadratkilometer anwachsen (www.greater-addo.com).

DICKHÄUTER

Außer im Addo-Schutzgebiet kommen Elefanten am häufigsten in KwaZulu-Natal vor, in Mpumalanga sowie am nördlichen und östlichen Kap. Sie leben in Gemeinschaften, können bis zu vier Meter groß werden und bis zu sechs Tonnen wiegen. Damit es so weit kommt, müssen sie täglich 300 Kilogramm Grünzeug von Bäumen und Sträuchern rupfen und rund 200 Liter Wasser trinken. Allein das Herz der Großohren, die in Herden zwischen 6 und 200 Tieren durchs Buschland ziehen, wiegt 25 Kilo. Kühe stillen ihre Elefantenbabys vier Jahre lang und werden sehr nervös, wenn sie für ihre Kälber Gefahr wittern. Wenngleich ein Elefantenbulle über drei Meter lange Stoßzähne ausbilden kann, gelten die Dickhäuter allgemein als gutmütig und friedlich.

WEITERE INFORMATIONEN ZUM ADDO ELEPHANT NATIONAL PARK

South African National Parks, www.sanparks.org/parks/addo sowie
Eastern Cape, www.ectourism.co.za

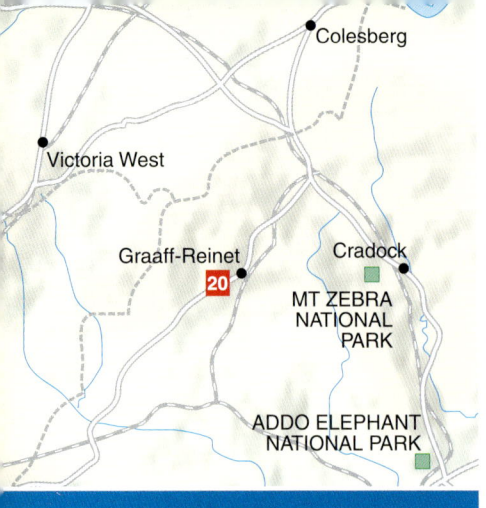

20 Kapholländisches Bilderbuch: Graaff-Reinet

Der Vorposten der Buren in der Großen Karoo

Als Anfang des 19. Jahrhunderts der große Treck der Buren begann, die der britischen Kolonialmacht entfliehen wollten, war das burisch geprägte Graaff-Reinet eine bedeutende Etappe in der unwirtlichen Großen Karoo. Heute ist das 50 000-Einwohner-Städtchen am Fuße der Sneeuberg Range mit über 220 denkmalgeschützten Gebäuden einer der am besten erhaltenen historischen Orte des Landes.

Die beeindruckendste Architektur verschwindet schnell vom Bildschirm urbaner Unglaublichkeiten, wenn Graaff-Reinets bizarrer Vorgarten in Sicht kommt, The Valley of Desolation. Wer Stille und Ruhe in einer einzigartigen Landschaftsatmosphäre sucht, wird hier garantiert fündig.

Während sich Ende des 18. Jahrhunderts Briten und Holländer bereits komfortabel am Kap eingerichtet hatten, waren die Gegenden jenseits der großen Bergketten, die die zugänglichen Küstenregionen vom Inland trennten, großenteils noch unerforschtes, wildes Gebiet. Dennoch machten sich burische Siedler in die unbekannten, hochwüstenartigen Weiten auf, um dort erste Siedlungen zu gründen. Während Stellenbosch auf die Jahreszahl 1679 zurückblicken kann, lässt sich das weitere Vordringen der Europäer ins Landesinnere an den Gründungsjahren der Städte ablesen: Um 1770 kamen die ersten Pioniere bis in die Gegend um das heutige Graaff-Reinet, das als Außenposten der Kap-Kolonie vom ehemaligen Kap-Gouverneur Jacob van de Graaff und seiner Frau Cornelia Reinet gegründet wurde. Das Leben an der Peripherie der Kolonie war mit stetigen Bedrohungen durch die hier lebenden Xhosa und Khoi Khoi gewürzt, aber die Buren waren sture Pioniere und riefen sogar eine eigene Republik aus, weil sie sich der britischen Ordnungsmacht am Kap nicht beugen wollten.

Gebäude wie im Freilichtmuseum

Mit Graaff-Reinet hinterließen sie Südafrika ein bezauberndes Städtchen, das sich am besten durch eine gemächliche Rundfahrt mit der Pferdedroschke erkunden lässt, oder zu Fuß. Auf der Liste der Sightseeing-Stopps stehen natürlich zuerst die Museen: Das Hester Rupert Art Museum, dessen Gebäude einst der Londoner Missionsgesellschaft gehörte und heute zeitgenössische Kunst präsentiert, das Old Library Museum mit Sammlungen historischer Kleidungsstücke, Felsmalereien der San sowie Fossilien, deren lebende Exemplare vor etwa 230 Millionen Jahren die prähistorischen Sumpfgebiete der Karoo bewohnten, sowie das Reinet House, das Heimatmu-

seum der Stadt. Das ursprüngliche Pfarrhaus aus dem Jahr 1812 stellt mit seiner Architektur ein schönes Beispiel kapholländischer Baukunst aus, ringsherum das original erhaltene, geschichtsträchtige Ambiente, Kopfsteinpflaster sowie Weinstöcke aus längst vergangenen Zeiten inklusive. Als Wundertüte antiquarer Kuriositäten setzt sich der Graaff-Reinet-Club in Szene. Jagdtrophäen wie Elefantenfüße und ähnliche exotische Reliquien gehören zur Ausstattung der historischen Männerbastion, zu der Frauen damals keinen Zutritt hatten. Zu den herausragenden Gebäuden zählt auch die Drostdy in der Church Street, der 1806 erbaute Verwaltungssitz, der heute das noble »Drostdy Hotel« beherbergt. Das mit Gerichtscafé, historischem Haupthaus sowie den restaurierten ehemaligen Sklavenquartieren am Stretch's Court, die als Suiten für die Übernachtungsgäste dienen, eine schöne koloniale Atmosphäre entfaltet.

Wunderschöne Umgebung

Auch die Umgebung Graaff-Reinets, das idyllisch an einer Schleife des Sundays River liegt, lohnt. In jedem Falle einen Besuch wert ist das Karoo-Naturreservat nordwestlich der Stadt, das mit 16 000 Hektar das Steppenbergland der Karoo auf besondere Weise einfängt und Bergzebras, Gnus, Büffel, Springbock- und Oryxantilopen beheimatet. Im Valley of Desolation, einem weitflächigen Tal, aus dem sich Doloritfelsen wie Skulpturen erheben, zaubert allabendlich der Sonnenuntergang eine hinreißende Bilderlandschaft. Geplant ist, den benachbarten 6600 Hektar großen Mountain Zebra National Park durch Korridore mit einzubeziehen, was ein riesengroßes Landschafts- und Tierschutzgebiet um Graaff-Reinet herum auf die Beine bringt. Für Wanderer ist der über 30 Kilometer lange Mountain Zebra Trail, der sich in drei Tagen erwandern lässt, schon heute eine Tour erster Güte.

REGENBOGEN-ARCHITEKTUR

Überall im Land sind die traditionellen afrikanischen »Bienenkorbhütten« zu sehen, strohgedeckt und mit Wänden aus Lehmziegeln oder einer Mischung aus Ton und Viehdung. Auch die Häuser der Ndebele und Basotho, mit malerischen Kunstwerken geschmückt, stellen traditionelle Bauweisen vor. Das größte architektonische Erbe ist dem modernen Südafrika aber aus der Kolonialzeit verblieben: Durch den typisch kapholländischen Baustil (weiß getünchte Mauern, geschwungene Giebel, sichtbare Holzbalkendecken, Sprossenfenster) oder die prachtvollen städtischen Jugendstilbauten aus den 1930er-Jahren sowie die feine georgianisch-viktorianische Architektur Englands.

WEITERE INFORMATIONEN ZU GRAAFF-REINET

Graaff-Reinet Publicity Association, Church Street: www.graaffreinet.co.za sowie www.ectourism.co.za

Bis zu 120 Meter hohe Felsnadeln, aber auch dicke Brocken sowie rund geschliffene »Koppies« ragen aus dem Tal der steinernen Einsamkeit auf. Die bizarren rotbraunen Steinformationen und zerklüfteten Abstürze sind im Laufe von Jahrmillionen durch Erosion entstanden.

EASTERN CAPE

Port Edward

MKAMBATI
NATURE
RESERVE

Umtata

Port St. Johns

Qunu

Coffee Bay

Mveso

DWESA NATURE
RESERVE

21

Mazeppa Bay

Wild Coast

East London

21 Nicht von dieser Welt ...

... ist die wilde Küste der Xhosa

Jenseits von East London verbreitet sich auf 300 Kilometern die Wild Coast mit verschwiegenen Buchten, bizarren Höhlen und wahrhaftigen Traumstränden. Sie heißt so wegen ihrer zahlreichen Riffe und Untiefen, die schon viele Schiffe auf Grund brachten. Und sie ist auch so, nämlich von einer wilden Schönheit, weil sie bis heute bleiben durfte, was sie immer war: ein Stück ungebändigter Natur.

Gefürchtet war sie bei den Seefahrern der Ostasien-Route, weil diese wilde Küste wegen tückischer Navigationsverhältnisse mit unberechenbaren Stürmen und Strömungen Wracks am laufenden Band produzierte. Untergänge waren geradezu an der Tagesordnung, sodass in Anlehnung an die südafrikanischen Wein- und Wal-Routen schon bald eine »Wrack-Route« für Taucher entstehen könnte.

Schotterpisten in die Einsamkeit

Aber wer wollte hier wirklich unter Wasser gehen, bei all der feinherben Schönheit, die sich oben darbietet? Ein authentisches Stück wildes Afrika ist da zu finden, und glücklicherweise gibt es (noch) keine durchgehende Küstenstrecke. Nur kleine Stichstraßen zum Meer, die meist nur holprige Pisten sind und nach heftigen Regenfällen schnell zu gefährlichen Schlammfallen werden. Wer sich nicht abschrecken lässt, gelangt zu Stränden, die sich einsam und fast unberührt, noch schöner als in

einem Film zwischen den Bilderbuchbuchten des Indischen Ozeans verstecken. Wer es zwischen wildromantischen Flusstälern und steilen Bergrücken endlich bis zu den Lagunen der Flussmündungen ans Meer geschafft hat, wird fürstlich entlohnt.

Schiffbruch in der Kaffeebucht

Zum Beispiel in Coffee Bay, einem der schönsten Fleckchen der wilden Küste, das sich so nennt, seit im Jahr 1893 ein mit Kaffeebohnen beladenes Schiff in der Bucht strandete. Die Bohnen, so erzählt die Geschichte, wurden damals an Land gespült, keimten, schlugen Wurzeln, und ließen Kaffeesträucher wachsen. Nach den Beweisen suchen Besucher aber vergeblich. Das alles aber interessiert in Coffee Bay sowieso niemanden. Die Straße ist inzwischen geteert, was erste Begehrlichkeiten weckt, aber Vorsicht: dort wo das Grün der Küste aufhört und das Blau des Meeres beginnt, ist »Shark Country«. Nur das Baden in der Kaffee-Bucht

Das Hinterland der ehemaligen Transkei besticht mit einer einzigartig afrikanischen Atmosphäre ebenso wie ihre Wild Coast (oben) mit wildem Küstenpanorama. Rechts: Port St. John's und das Silaka Nature Reserve.

Die berühmtesten Vertreter der Xhosa sind der Nobelpreisträger Nelson Mandela und Thabo Mbeki. Eine überzeugende Autorität strahlt diese Xhosa-Frau ab, die den weltberühmten Landeshäuptlingen an Statur nicht nachsteht. Rechts: Coffee Bays »Hole in the Wall«, sowie Bewohner eines Dorfes nördlich von Umtata.

selbst sei ohne Gefahr, versichern die Einheimischen vieldeutig grinsend. Coffee Bays »Hole in the Wall«, ein choreografischer Blickfang, der an schottische oder irische Küsten mit ihren natürlichen Skulpturen erinnert, soll angeblich unerwünschte Begegnungen im Wasser mit den gefürchteten dunklen Schattenrissen verhindern. Das vermutlich meistfotografierte Loch Afrikas befindet sich in einer Felswand, die schützend zwischen dem offenen Meer und der Lagune steht, nur das Frischwasser kann hindurch, die gefürchteten Haie bleiben draußen. Da bleibt mutigen Schwimmern von Herzen zu wünschen, dass das auch wirklich so stimmt. Das Panorama der Wild Coast, das seine Bilder mithilfe von Steilklippen, Felsblöcken und feinen Sandbuchten zeichnet, ist auch ohne maritimen Selbstversuch umwerfend. Bisher verirrten sich nur Rucksacktouristen und Insider in diese grünblauen, weit offenen Perspektiven. Da jedoch schon Pläne für touristische Entwicklungen in den Schubladen der Bürokraten liegen, könnte es dem noch rückständigen Paradies (ein paar Hütten, ein Laden, zwei Hotels) bald so traurig ergehen wie den sagenumwobenen Kaffeesträuchern, die möglicherweise tatsächlich keimten, aber nicht wuchsen.

Die Heimat von Nelson Mandela

Bei all den verzauberten Küsten der Wild Coast hat das Hinterland an Farbkolorit ebenfalls einiges zu bieten. Die ärmliche Transkei, das frühere Homeland der Xhosa, der »Menschen mit den roten Decken«, gehört seit der Wende zur Eastern Cape Province. Die 1879 gegründete Hauptstadt Umtata gibt sich

als betriebsame Landmetropole, an deren Universität Tausende Studenten studieren. Deren begabte Vorgänger 250 Kilometer weiter westlich auf der Fort Hare University landeten, einer im Jahr 1916 ausschließlich für schwarze Studenten gegründeten Bildungsinstitution. Prominentester Kommilitone: Nelson Mandela, Fachbereich Jura. 4000 Studenten büffeln heute in Fort Hare, das zwei Nobelpreisträger und vier afrikanische Staatspräsidenten hervorgebracht hat, darunter auch einen wie Simbabwes Diktator Robert Mugabe. Auch in Umtata führt an den Wurzeln Nelson Mandelas kein Weg vorbei: Westlich der Stadt, in einem kleinen Dorf namens Mveso am Bashee River, verbrachte der spätere Häftling, Nobelpreisträger und Präsident seine frühe Kindheit. Als Junge kam er mit der Familie nach Qunu, unweit von Coffee Bay, bevor es ihn hinauszog in die intellektuelle Welt der Weißen. Eine Multimedia-Show des Nelson-Mandela-Museums erklärt die Rolle des Mannes bei der Befreiung Südafrikas vom Regime der Apartheid, der sich als Sinnbild für Frieden, Vergebung und Liebe unsterblich gemacht hat. In Mveso, Nelsons Heimatdorf, steht inmitten einer naturbelassenen Landschaft aus weiten grünen Hügeln das Nelson-Mandela-Monument, nicht weit von dem Haus, das er am Platz seiner Kindheit für seinen Halbbruder und dessen Familie errichten ließ. Auf dem dortigen Friedhof, so hat der Nobelpreisträger verfügt, will er dereinst begraben sein, und Mveso bereitet sich vor, nicht nur die berühmteste, sondern auch die meistbesuchte Pilgerstätte Südafrikas zu werden.

Im Land der Xhosa

Eine Reise durch das wilde Land der Xhosa ist eine Reise durch grüne Hügel und liebliche Täler, durch die sich wasserreiche Flüsse ziehen, eine Wegstrecke durch echtes Afrika. Nach wie vor finden die in traditionellen Bindungen tief verwurzelten Xhosa im Kraal ihre soziale und ökonomische Einheit. Grasgedeckte Rundhütten zeichnen ein archaisches Bild, vor allem wenn Xhosa-Frauen Pfeife rauchend vor diesen Lehm- und Dungbehausungen auftauchen, um ihren Männern, die dort hocken und palavern, den fälligen Hirsebier-Nachschub zu bringen. Langsam und würdevoll schreiten sie daher, oft mit einem seltsam ernsten Ausdruck in den dunklen Gesichtern. Ein einziges Lachen kann aus dem Tiefsinn abrupt ein wunderschönes Antlitz hervorzaubern. Vielleicht stellt sich im Hügelland der Xhosa erst nachträglich heraus, dass nicht nur die Küste wild

ist. Schon lange hat sich die Wild Coast bei Tauchern, Hochseefischern und Surfern einen Namen gemacht, zunehmend lässt sie sich nun auch von Küstenwanderern entdecken. Der Abschnitt zwischen Port Edward und Morgan's Bay ist vollgepackt mit Felspools, rauschenden Flüssen und Wasserkaskaden, wie die der Magwa-Falls. Einsame Lagunen, bizarre Klippen, versteckte Sandbuchten und herrliche Küstenpfade begleiten den »Hiker's Trail Heaven«. Einer der schönsten, der Wild Coast Hiking Trail, beginnt in Port Edward. Zu einer Idylle hat sich das ehemalige Hafenstädtchen Port St. Johns entwickelt, das sich an seiner palmenbestandenen Lagune zum Treffpunkt von Künstlern und Malern und sonstwie »hippem« Publikum macht. Nach dem sportiven Strandleben lässt es sich hier zwischen hübschen Boutiquen und Galerien die Zeit vertreiben oder in einer der Bars abhängen.

FAIR TRADE TOURISM

Die Organisation Fair Trade Tourism South Africa (FTTSA) zeichnet jene Unternehmen aus, die sich an ethischen und umweltgerechten Zielen orientieren, was vor allem für Arbeitskräfte im Reisesektor spürbare Auswirkungen hat (www.fairtourismsa.org.za). Land und Leute in Verbindung mit sozial- und umweltorientierten Projekten kennenzulernen, garantiert Authentizität; Spezialveranstalter vermitteln Helfer in abgelegene Gemeinschaften oder im Tierschutz (Infos unter www.voluntours.co.za). Eine andere Art Wildnis präsentiert sich Teilnehmern, die mit EcoTraining unter sachkundiger Leitung auf mehrtägige Exkursionen gehen (www.ecotraining.co.za).

WEITERE INFORMATIONEN ZUR WILD COAST

Eastern Cape Tourism Board:
www.ectourism.co.za;
organisierte Touren und Freiwilligenprogramme: **African Heartland Journeys:**
www.wildcoastbookings.com; www.wildcoastholidays.co.za; www.wildcoast.co.za.

Für Landschaftsfreaks die richtige Mischung: Die ariden Areale der Free State Province sind Heimat unzähliger Wollträger. Dort, wo es ausreichende Niederschläge gibt, breitet sich fruchtbares Farmland aus, wie hier bei Harrismith. Wer hoch hinauswill, muss auf das Dach Afrikas, wie die beiden farbenprächtig gekleideten Basotho-Reiter im benachbarten Lesotho.

Freestate

Die rot und gelb leuchtenden Sandstein-felsen des Golden-Gate-Hochlandparks stellen eine der größten Attraktionen der Free State Province dar, die sich bei klarer Sicht eine noch gewaltigere Kulisse als Background zunutze macht: die benachbarten Bergriesen Lesothos, die über 3000 Meter aufragen.

22 Golden Gate Highlands National Park

Monumentales Landschaftsszenarium, irrwitziges Bühnenbild

Wer »most dramatic landscapes« sucht, findet sich zwangsläufig im »Golden Gate« wieder. Wohin die Blicke schweifen: Zerklüftete Sandsteinformationen, die vor allem im späten Licht zu impressionistischen Wunderwerken geraten, wenn die Sonnenfarbe von Gold zu Orange und Ocker mutiert, und, in der absoluten Stille skurriler Felsskulpturen, letztendlich zu Rot. Nach dem Absacken des Feuerballs explodiert der Himmel darüber erst richtig.

Ein Besuch lohnt sich allein für dieses Panorama, und viele kommen tatsächlich *on time*, um sich nach dem spektakulären Naturschauspiel gleich wieder davonzumachen. Die Expressreisenden verpassen eindrucksvolle Naturstimmungen, die grasbewachsene Berghänge, tiefe Schluchten und aufragende Felsklippen im Wechselspiel des Lichts hervorbringen.

Besondere Attraktionen: Ruhe und Einsamkeit

Insider aus Johannesburg, Pretoria und Durban hingegen holen sich hier an den Wochenenden die Labsal für ihre großstädtisch gebeutelte Seele. Frieden gegen Polizeisirenen und Stop-and-go, wenn Lämmergeier, Bartgeier oder Felsenadler über Steilschluchten ruhig ihre Runden drehen, wenn Bergzebras, Springböcke und Antilopen zwischen

Felssäulen stehen, reglos wie Bühnenstatisten. Sie und all die anderen aus der harmlosen Wildtierabteilung machen den Golden Gate Highlands National Park zum idealen Refugium für Wanderer, die Einsamkeit und Ruhe suchen oder für unverbesserliche Landschaftsfreaks, denen die *Big Five* schnurzegal sind. Jahr um Jahr wurde der 1963 gegründete Nationalpark nördlich der Maluti-Berge Lesothos erweitert, sodass er inzwischen eine Fläche von über 100 Quadratkilometern umfasst. Eine Menge Platz, aus dem der Generaalskop mit 2732 Metern herausragt. Golden Gate heißt der bizarre Landschaftspark zweier Felsklötze wegen, die nur 100 Meter hoch sind, aber im goldenen Sonnenlicht wie Eingangstore zum Paradies erscheinen. Zahlreich finden sich im Park Sandsteinhöhlen mit gut erhaltenen Gravuren und Zeichnungen der San.

Während der britisch-burischen Kriege dienten sie flüchtigen Burenfamilien als Versteck, um sich dem Zugriff der Engländer zu entziehen.

Wandern in bizarrer Bergwelt

Golden-Gate-Besuchern mit Zeit stehen herrliche Wanderwege zur Verfügung, die bis an die Flanke des Generaalskop heranführen, dahinter steigen die Gebirgsketten Lesothos auf 3000 Meter. Einer der bekanntesten mehrtägigen Tracks ist der 33 Kilometer lange Rhebok Hiking Trail, der am Glen Reenen Rest Camp beim Parkeingang beginnt. Dort befindet sich der Ausgangspunkt zweier Fahrpisten, die zu den schönsten Punkten des Reservats führen. Golden Gate Highlands hat ganzjährig Saison; im Sommer herrscht mildes Hochgebirgsklima mit angenehm kühlen Abenden. Zwischen Januar und Februar treten häufiger kurze, heftige Gewitter auf, was Wanderer bei der Ausrüstung berücksichtigen sollten, im Winter zeigen sich die höchsten Gipfel untypisch für Afrika, weil des Öfteren schneebedeckt. Nachts kann es dann frostig-kalt werden, auch wenn tagsüber ideale Temperaturen für Outdoor-Aktivitäten garantiert sind. Neben preiswerten Unterkünften bieten die staatlichen Rest Camps Brandwag, Glen Reenen, Mountain Retreat und Qwa Qwa während der Sommermonate auch Ausritte zu Pferde an, organisierte kürzere Wandertouren sowie Nachtsafaris. Auch lassen sich per Kajak oder Kanu die bildschönen Stauseen des Parks erkunden.

Je nach Jahreszeit sind die staatlichen Camps rechtzeitig zu reservieren, wenn das nicht klappt, freuen sich eine Reihe empfehlenswerter Gästehäuser im nahen Kleinstädtchen Clarens, das seinen eigenen Reiz versprüht: Die »Perle des Orange Free State« wurde 1912 nach der schweizerischen Ortschaft benannt, in der Paul Kruger, der erste Burenpräsident und Initiator des Krüger-Parks, seine letzten Lebensjahre im Exil verbrachte. Zwischen zerklüfteten Kalkfelsen, goldfarbenen Feldern und saftigen Hügeln gelegen, trifft das idyllische Clarens mit frisch getünchten Häusern, gemütlichen Cafés, peppigen Galerien mit Kunsthandwerk und Malerei, Gourmet-Restaurants und feinen Hotels auf meist sehr überraschte Gäste.

BASOTHO CULTURAL VILLAGE

Die Volksgruppe der Sotho siedelt nordöstlich von Johannesburg. Wie die Ndebele verzieren sie ihre Steinhäuser mit intensiven Farben und Steinmosaiken. Zwischen dem Golden Gate Highlands National Park und dem Landstädtchen Harrismith liegt das Basotho Cultural Village, wo die traditionelle Lebensweise der Sotho von Schauspielern dargestellt wird. Zum Programm des liebevoll hergerichteten Freilichtmuseums gehören auch Übernachtungen in traditionellen Rundhütten (Rondavels), eine Wanderung durchs Gelände, die Heilpflanzen und Felsbilder erklärt sowie traditionelle Sotho-Kochkunst im eigenen Restaurant, selbst gebrautes Ingwer-Bier inklusive (www.places.co.za).

WEITERE INFORMATIONEN ZUM GOLDEN GATE HIGHLANDS PARK

Clarens Highland Tourism and Information Centre: www.clarenstourism.co.za sowie
Free State Tourism: www.dteea.fs.gov.za

»Bienenkörbe«, traditionelle Rundhütten aus Naturstein mit Reetgrasdächern, kennzeichnen die Siedlungen der in Decken gehüllten Menschen des Bergstaats Lesotho. Wie ein Mahnmal des allerletzten Mohikaners steht der Basotho-Reiter über dem Traum seiner Landschaft. Und schaut ins (noch) unberührte Paradies.

23 Auf dem Dach Südafrikas

Lesotho, das »Königreich im Himmel«

Als kralförmige Enklave ist Lesotho vollständig von Südafrika umschlossen, gehörte aber zu keiner Zeit politisch zum großen Nachbarn. Die extreme Gebirgslage war während der Kolonialisierung ideales Rückzugsgebiet der Basotho, deren König Moshoeshoe in der ersten Hälfte des 19. Jahrhunderts geschickt zwischen Missionaren, Buren und Briten taktierte und seinem Volk so die Unabhängigkeit sichern konnte – auch während der südafrikanischen Apartheid.

Liebhaber zackiger Gebirgslandschaften, deren Riesen weit über 3000 Meter aufragen, finden hier ihr Paradies erster Klasse, selbst die Täler des Bergstaats liegen über 1000 Meter hoch. Aber erst die Passstraßen geben Auskunft darüber, was hier wirklich passiert: Der Bushman's-Pass geht bis auf 2268 Meter hinauf, der Blue-Mountain-Pass auf 2626, die größten Berge im Land versammeln sich um den höchsten des südlichen Afrika, den Thabana Ntlenyana, der 3483 Meter aufragt.

Auf kurvigen Straßen fast bis zum Himmel

Wer beim Bereisen dieses landschaftlichen Ausnahmezustands von der bizarren Szenerie, die hinter jeder Kurve mit einer neuen Überraschung aufwartet, nicht genug bekommen kann, macht sich am besten gleich auf der »Roof of Africa Road« ab in die Wolken. Dort geht es zu wie auf der Achterbahn. Die

exzeptionelle Panoramaroute verläuft von der Hauptstadt Maseru parallel zum grenznahen südafrikanischen Caledon River an Lesothos Westgrenze Richtung Norden. Es ließe sich auch von den südafrikanischen Grenzstädten Ficksburg oder Fouriesburg aus einsteigen, denn wirklich wild wird das Dach Afrikas erst nach der Ortschaft Butha-Buthe auf dem 2840 hohen Monteng-Pass zwischen Mount-oux-Sources (3282 m) und Cathedral Peak (3004 m). Über 3000 Meter winden sich die Gebirgspassagen Mahlasela und der Pass of Guns durchs Hochgebirge, mit den grandiosesten Ausblicken. Bis zu einem halben Meter Schnee schaffen während der Wintermonate rund um den Wintersportort Oxbow ein kurioses Skiparadies, mitten in Afrika, das von Südafrikanern gerne besucht wird. Die östlichen Highlands bestehen aus Vulkangestein, sind vor circa 150 Millionen Jahren entstanden und von berauschend idyllischen Flusstä-

lern durchzogen. An den Rändern der Drakensberge gehen zahllose Wasserfälle in die Tiefe. Ziemlich beeindruckend sind die Maletsunyane-Fälle, die mit fast 200 Metern zu den höchsten frei fallenden Kaskaden des südlichen Afrikas zählen. Inmitten dieses Gebirgsszenarios entspringen die südafrikanischen Flüsse Oranje und Caledon, die sich malerisch durch bizarre Canyons ziehen.

Raues Gebirgsklima

Dort wo der Oranje, der hier Senqu heißt, mit dem Makhaleng River zusammenfließt, liegt auf circa 1400 Metern der tiefste Punkt des Landes, während 80 Prozent auf über 1800 Metern residieren, weshalb es im südafrikanischen Winter bitterkalt wird, mit sicherem Schneefall in den östlichen Höhenlagen. Trotzdem schaffen durchschnittlich 300 Sonnentage im Jahr ein trockenes, winterliches Traumwetter, das im Sommer zur 30-Grad-plus-Hitze wird. Die nachts wie fortgeblasen scheint, wenn die Quecksilbersäule, je nach Höhenlage, wieder den Nullpunkt aufsucht. Lesothos Wetter liebt theatralische Auftritte und gibt sich besonders

viel Mühe, wenn kraftvolle Sommergewitter mit saftigen Niederschlägen schwere Gebirgssommerwolken entleeren, weshalb die angenehmsten Reisezeiten Herbst und Frühling sind mit moderaten Erscheinungsformen. Dann leisten sich Lesothos Landschaften herrliche Blütenteppiche und saftig-grüne Hänge mit selten schönen Gebirgsblumen.

Einer der touristischen Höhepunkte Lesothos ist neben dem Durchqueren seiner grandiosen Landschaften das Pony-Trekking. Für viele der rührend gastfreundlichen Hochlandbewohner sind die zähen Basotho-Ponys das einzige Transportmittel, und Besuchern bieten sie die beste Möglichkeit, die Sehenswürdigkeiten der bezaubernden Bergwelten in Stille und in wohltuender Zeitlupe zu erkunden. Es gibt aber auch Schattenseiten im Land der königlichen Berge: Die Mehrheit der Bevölkerung ernährt sich mehr schlecht als recht von der Landwirtschaft, viele Wanderarbeiter müssen sich in den Minen Südafrikas verdingen, wenn es denn Jobs gibt, um überhaupt ein Einkommen zu erwirtschaften.

SANI & CO.

Rundreise- und Übernachtungstipps: Die Kurvenstrecke »Roof of Africa Rally« führt quer durchs Land, das etwa die Fläche Belgiens umfasst. Die Ausreise nach Südafrika über den Sani-Pass gehört zu den Top-Fahrspaß-Erlebnissen schwindelfreier Off-Roader (Sani Top Chalet auf 2874 Metern Höhe). Die meisten Stationen Lesothos lassen sich mit normalem Pkw erreichen, wie die Maletsunyane- und Ketane Falls in Semonkong, dem »Ort des Rauches«, oder das Traumszenario des Bergortes Malealea am Gates of Paradise Pass.

Websites: www.roof-of-africa.com, www.sanitopchalet.co.za, www.placeofs-moke.co.ls, www.malealea.com, Malealea Lodge: www.malealea.co.ls

WEITERE INFORMATIONEN ZU LESOTHO

Lesotho Tourism, Maseru:
www.ltdc.org.ls
in Deutschland:
www.abendsonneafrika.de
Über die Einreisebestimmungen sowie die landesspezifischen Sicherheitshinweise gibt das Auswärtige Amt Auskunft, www.auswaertiges-amt.de

In der von Herbert Baker entworfenen und sichtbar staatstragenden Sandsteinarchitektur der Union Buildings, Pretoria, tagt Südafrikas Parlament. Aber auch sonst hat Gauteng & Co. einiges zu bieten: Neben dem legendären Voortrekker Monument (oben) das »Palace« Hotel in Lost City (Kuppel, Mitte) sowie Wildlife vom Feinsten direkt vor der Haustür.

North West & Gauteng

Johannesburgs Nahverkehr gilt als der fortschrittlichste Afrikas. Ein City-Trip mit dem Stadtbus ist aber nicht zu empfehlen (oben). Kids vor einem Kindergarten in Soweto (unten). Südafrikas ganzer Stolz: das Finale der Fussball-WM 2010 im Soccer-City Stadion (rechte Seite).

24 Big Jo'burg City

oder der »Platz des Goldes«

Die Provinz Gauteng, in der Sotho-Sprache »É Goli«, der »Platz des Goldes«, ist die am dichtesten besiedelte Provinz Südafrikas. Eine Handvoll Städte, darunter Johannesburg, sind zu einem urbanen Konglomerat verwachsen, das das wirtschaftliche Tempo des Landes bestimmt. Aber Jo'burg ist die schnellste von allen und mit ihrem Stadion Soccer City seit der WM 2010 weltbekannt als eine der sportivsten!

Jo-Anna« nennen die Johannesburger beinahe zärtlich ihre Metropole. Auch wenn die nicht immer sanft mit ihnen umgeht und schon lange gegen ihr schlechtes Image ankämpfen muss weil sie seit Jahren mit der höchsten Kriminalitätsrate der Welt in den Schlagzeilen ist. Jede Stadt hat ihre Geschichte. Die Jo'burgs handelt von Gold. Und natürlich von der berühmtesten Township der Welt, von Soweto, und seinem legendären Kampf gegen die Apartheid sowie von der größten Ansammlung an Golfplätzen im Land, dem umtriebigsten Drehkreuz im afrikanischen Luftverkehr (mit nahezu 20 Millionen Passagieren pro Jahr), dem Knotenpunkt zahlreicher Autobahnen und Bahnlinien, der abgehobensten Kulturszene, den meisten Hochschulen – und, wenig verwunderlich – dem dicksten Anteil an der Erwirtschaftung des Bruttosozialprodukts.

Rascher Aufstieg im Goldrausch

Dabei gab es für Johannesburg erst im Jahr 1904 die Stadtrechte. Da hatten die diamantenverwöhnten Einwohner Kimberleys schon längst ihre prachtvolle City Hall in Betrieb. Aber schnell holte Jo'burg auf: Bereits ein Jahr später zählte man in dem einstigen Barackenlager, das seit 1886 im Goldrausch fieberte, bereits 150 000 weiße Einwohner und doppelt so viele schwarze. Das schnelle Wachstum innerhalb weniger Jahre brachte für viele Goldsucher und Minenarbeiter schreckliche Verhältnisse mit sich. Die meisten der Nichtweißen kamen als Kontraktarbeiter in die Minen und lebten unter erbärmlichen Umständen in Elendsquartieren. Nur für die Zahlungskräftigeren gab es Vergnügen in Spielhallen, Bordellen und Bars. Zwei Regierungsangestellte, die das calvinistisch-puritanisch geprägte Pretoria ins immer chaotischer werdende Gold-Eldorado schickte, um für Ordnung zu sorgen, hießen beide zufällig Johannes, was der Goldgräbersiedlung zu ihrem Namen verhalf. Mächtige Minengesellschaften entstanden, die das goldhaltige *reef* unter Jo'burgs Oberfläche gewinn-

Die glänzenden Seiten der Gold-Stadt:
Der riesige Vergnügungskomplex »Rand-
burg Waterfront«, Jo'burgs Antwort auf
Victoria & Alfred's in Kapstadt (unten),
das feine Emperors Caesars Hotel &
Spielcasino in der Nähe des Flughafens
(Mitte) und eine Kutschfahrt in Gold
Reef City (oben).

bringend ausbeuteten. Die Western Deep Levels Mine reicht über 3000 Meter tief in den Untergrund, nicht weit von den modernen Spiegelfassaden der schnelllebigen City.

Finanzzentrum, Schmelztiegel, Kulturmetropole

Als der ganz große Goldrausch vorbei war, blieben nur die riesigen Abraum-berge rund um Jo'burg. Und das Geld. Auf dieser Basis avancierte die aufstre-bende Stadt mit dem ausgezeichneten Höhenklima (1752 m) zur Handels- und Finanzmetropole Südafrikas und wurde, nach dem Fall der Apartheid, zum Schmelztiegel aller Rassen und Hautfar-ben und zum schlagkräftigen Herzmus-kel der neuen südafrikanischen Identität. Das aus Hunderten Stadtvierteln, Vor-städten und Townships zusammenge-setzte urbane Netzwerk ist mit seinen Hochhauspalästen zu einer pulsierenden Weltstadt gewachsen.

Aus der alten Zeit ist trotzdem gar nicht so wenig geblieben. Sie existieren noch, die kolonialen Zeugen in Stein: Die National Bank (1890) und die City Hall (1910) in der Market Street, die alte Post (1897) in der Rissik Street, die Public Library (1935) in der Simmonds Street, das Victoria House, das Market Building, das Cuthberts Building sowie der Supreme Court. Vom 50. Stockwerk des Carlton Centre aus, das die nicht unpassende Bezeichnung »Top of Africa« führt, lässt sich bei guter Sicht das nur 50 Kilometer entfernte Pretoria sehen, der Sitz der südafrikanischen Regierung. Nur wenige Kilometer weiter befindet sich der historische Themenpark »Gold Reef City« mit Live-Musik, Bühnen-

shows, Straßentheater, Cafés, Kneipen und Restaurants. Der Vergnügungspark liegt auf dem Territorium der seit Lan-gem geschlossenen Crown Mines, die seit 1892 rund 1400 Tonnen Gold ans Tageslicht beförderten! Eine Vielzahl an Museen sowie eine rekonstruierte Stadt aus stilechten viktorianischen Bauten (First National Bank, Rosie O'Grady's Action Bar sowie die Star-Newspaper-Redaktion) präsentiert das Johannes-burg, wie es einmal war.

Krasse Kontraste

Ein Besuch Jo'burgs im Alleingang ist Fremden nicht zu empfehlen. Unter sachkundiger Führung zeigt sich »der einzig wirklich authentische Platz in Süd-afrika, der ziemlich aufregend ist«, wie die Großstädter selber über die viel-schichtige Kapitale sagen. In jeder Hin-sicht. Ob Nachtleben, Musikszene, Kunst & Galerien, Shopping, Kneipen oder Gourmettempel – scheinbar alles produziert Jo'burg im Überfluss, und allein die Liste kultureller Ereignisse ist endlos. Edle Einkaufsmeilen in den Malls der vornehmen Vorstädte Sandton City, Rosebank und Parkhurst kontrastieren zu afrikanisch-bunten Märkten, die sich *downtown* auf Plätzen und Trottoirs aus-breiten. Also: einen typisch afrikanischen Pap-Maisbrei im Stehen? Oder doch lie-ber ein fürstliches Dinner in einem der feinen Restaurants, deren Reservierungs-nummern in den videoüberwachten besseren Wohngegenden griffbereit neben dem Telefon liegen, und zum Entree Muschelsuppe mit frittiertem See-tang? The Royal Johannesburg and Ken-sington Golf Club etwa gehört ebenso zum Image der Stadt wie die Ghettos

der Schwarzen, die Jo'burg auch in ausreichendem Maß besitzt. Johannesburg ist eine Stadt der starken Kontraste.

Brennpunkt: Township

In ihren Townships leben unvorstellbare Massen beengt und teilweise unter äußerst mangelhaften Bedingungen beieinander; allein im South West Township (So-We-To), das aus 32 verschiedenen Stadtteilen besteht, sind es circa vier (!) Millionen. Gezielt haben Regierungsprogramme versucht, den Zustrom in die Großstädte in geordnetere Bahnen zu lenken: durch Erschließungen neuer Townshipgebiete inklusive Parzellenvergabe mit Eigentumsrechten, Finanzierungshilfen, vorgefertigten Mini-Häuser, Sozial- und Krankenstationen sowie sanitärer Infrastruktur. Mit meist mageren Ergebnissen. Dennoch hat sich manches

verändert, was die Eröffnung von Sowetos Super-Mall »Maponya« beweist, die für 50 Millionen Euro entstand und auf 65 000 Quadratmetern Verkaufsfläche die vorhandene Kaufkraft absorbiert. Im schier endlosen wellblechgedeckten Betonhäuserbrei Sowetos existieren längst bürgerliche und luxuriöse Wohngegenden wie in Orlando-West, wo Besucher aus Übersee gerne nach dem Haus Winnie Mandelas fragen. Jimmys »Face to Face Tours« hatte nach dem Fall der Apartheid als einer der ersten organisierte Touren in die Ghettos seiner schwarzen Brüder angeboten, mit großem Erfolg: Täglich lassen sich rund 1000 Besucher die Townships vorführen, wobei inzwischen mehr als drei Dutzend solcher Agenturen existieren, die auch Kneipenbesuche sowie Übernachtungen in Soweto organisieren.

SÜDAFRIKA IST SPORTVERRÜCKT

Die WM 2010 war für die ohnehin schon fußballverrückten Südafrikaner ein absolutes Highlight: Das zwischen Johannesburg und Soweto gelegene, ultramoderne Stadion Soccer City bebte im ohrenbetäubenden Lärm unzähliger Vuvuzela-Trompeten beim Eröffnungsspiel Südafrika gegen Mexiko. Auch die deutsche National-Elf bekam unter der von einem Stuttgarter Architektenteam entworfenen Dachkonstruktion ein akustisches Inferno geboten im Spiel gegen Ghana. Nicht weniger enthusiastisch ging es zu, als sich Spanien in der weltberühmten Sportarena gegen die Niederlande den Titel sicherte. Heimlicher Sieger ist aber Südafrika: Gegen so manche Erwartung war die WM ein voller Erfolg und zeigte der Welt die positive Vielfalt der »Rainbow Nation«.

WEITERE INFORMATIONEN ZU JOHANNESBURG

Johannesburg Tourism Company:
www.joburg.co.za, www.joburgtourism.com
Gauteng Tourism Authority:
tourism@gauteng.net, ww.visitgauteng.net
Touren:
www.soweto.co.za, www.takeatour.info, www.walktours.co.za, www.gala.wits.ac.za www.touringsouthafrica.co.za

25 | Im gemächlichen Gang der Verwaltung: Pretoria

Eine Hauptstadt mit viel Lebensqualität

Obwohl Pretoria Regierungssitz ist, tagt das südafrikanische Parlament nach wie vor in Kapstadt. Gleichwohl war die »halbe Hauptstadt« auch mal eine ganze, nämlich die des ehemaligen Burenstaates »Suid-Afrikaanse Republiek«, in der sich die Handschrift der »Voortrekker«, ihrer burischen Stadtväter, mit elegantester Kolonialarchitektur erhalten hat. Bis heute bezieht sie ihr ruhiges Flair aus ihren zahlreichen Amtsstuben.

Vom Standort der Union Buildings auf der Meintjieskop-Anhöhe im Osten Pretorias haben die Parlamentarier (wenn sie nicht gerade in Kapstadt tagen) einen berauschenden Blick auf ihre Regierungshauptstadt und deren Bürger. Das terrassenartig angelegte Gelände zieht sich mit seinen Parks und Denkmälern bis zur Church Street hinunter.

Die auf 1367 Metern Höhe und 50 Kilometer von Johannesburg entfernt liegende Zwei-Millionen-Stadt wurde im Jahr 1855 von Marthinus Wessel Pretorius, einem General der »Voortrekker«, gegründet und bestand lange Zeit nur aus ein paar Dutzend Häusern, in denen rund 300 Einwohner lebten, darunter viele Deutsche und Deutschstämmige. Im Herzstück der auf dem Reißbrett geplanten Stadt steht der Übervater der ehemaligen Buren-Nation und Begründer des gleichnamigen Parks, »Ohm« Paulus Kruger, in Form einer wuchtigen Sockelstatue auf Pretorias Church Square. Auch die hat Geschichte. Das Werk des Bildhauers Anton van Wouw wurde 1899 in Rom in Bronze gegossen und nach Südafrika verschifft, wo es auf dem vorbereiteten Sockel am Church Square nicht aufgestellt werden konnte, weil gerade der

Anglo-Buren-Krieg tobte, drei Jahre lang. Derweil verstaubte Krugers Statue vergessen in einem Lager und wurde erst 1913 wiederentdeckt und in einem kleineren Park aufgestellt. 1925, zu Ehren seines 100. Geburtstags, landete Kruger dann auf dem Bahnhofsvorplatz und kam erst 1954 auf seinen jetzigen Sockel. Gleich dahinter befinden sich der »Oude Raadsaal« (1891), das Parlament der ehemaligen Burenrepublik sowie der Justizpalast, dem Nelson Mandela seine Jahre auf Robben Island verdankt. Das monumentale Sandsteingebäude der Union Buildings, das heute als Regierungssitz dient, wurde mit seinen imposanten Kuppeltürmen vom südafrikanischen Architekten Sir Herbert Baker entworfen und zwischen 1910 und 1913 als 275 Meter langer Gebäudekomplex an die Hänge des Meintjieskop gesetzt. Sie zählen zu den beeindru-

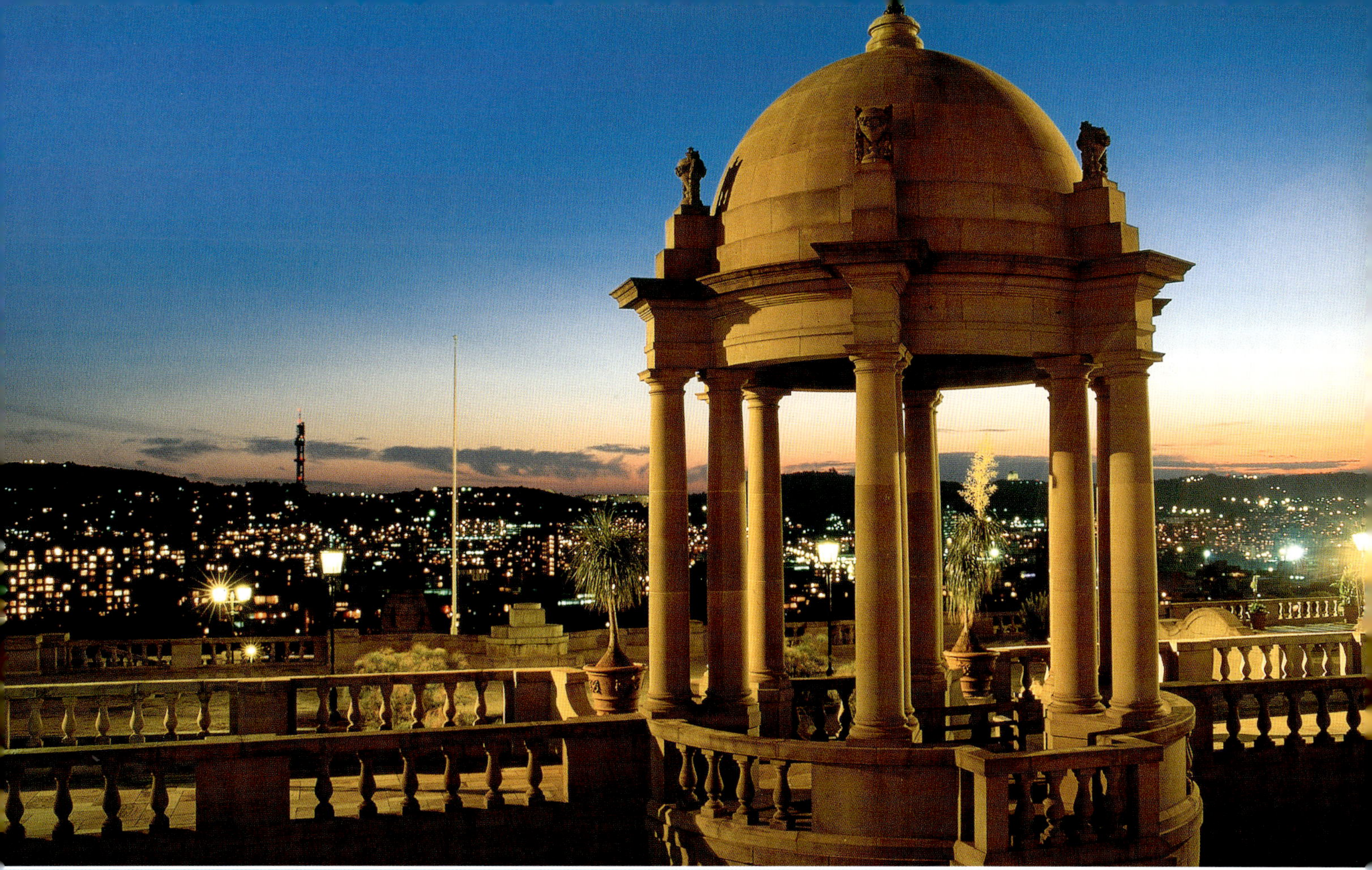

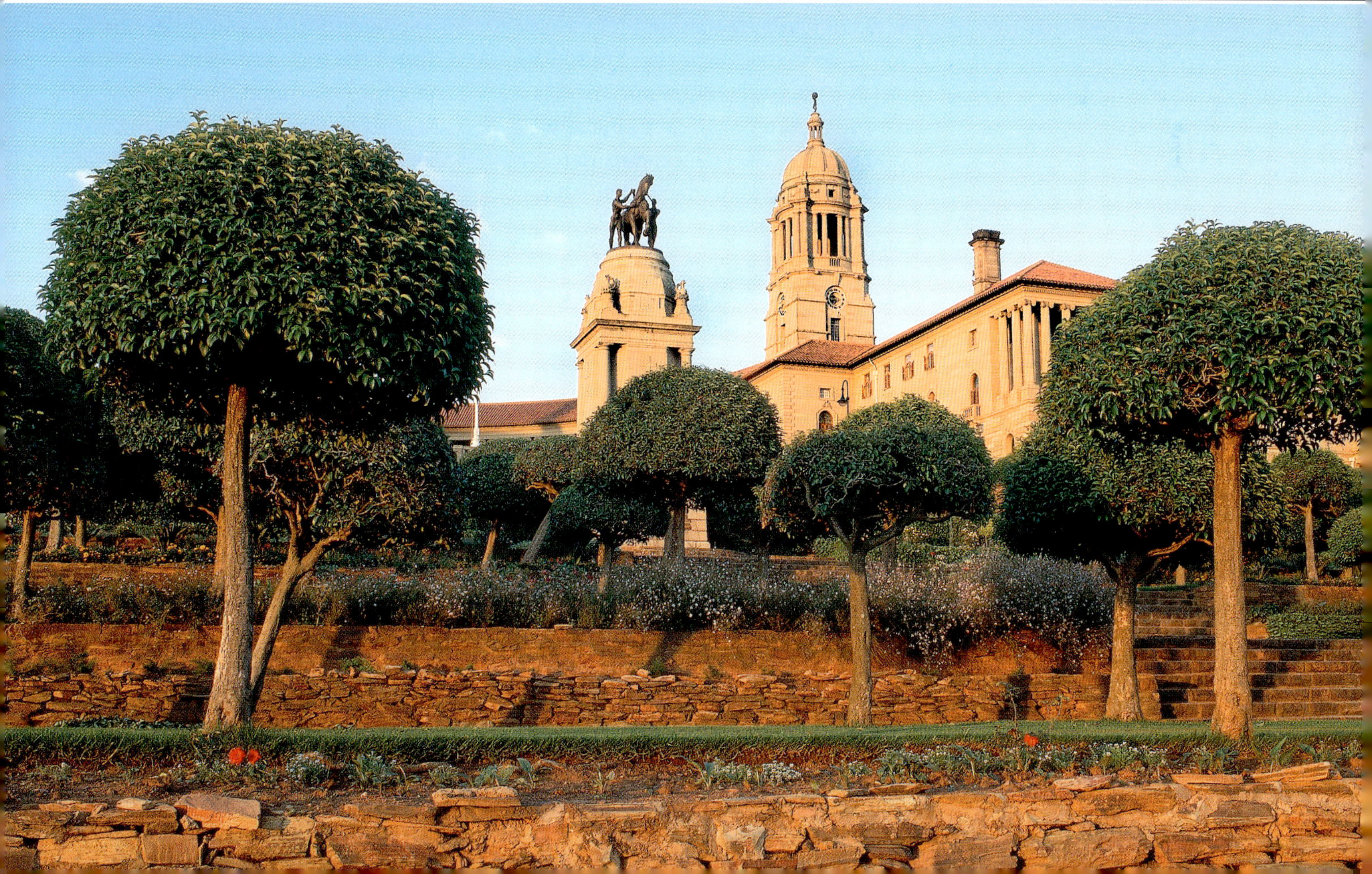

Ein gewaltiges Monstrum, das »Voortrekker Monument«, das die Buren 1949 dem südafrikanischen Volk beschert haben (oben). Zumal es sich um den steingewordenen Beleg weißer Dominanz über alle nicht-weißen Hautfarben handelt. Lieblicher als das Reiterdenkmal Louis Bothas vor den Union Buildings nehmen sich die Jacarandabäume aus.

ckendsten Bauten Pretorias. Am 10. Mai 1994 verlas Nelson Mandela hier seine Antrittsrede als erster schwarzer Präsident der Republik Südafrika. Als architektonische Perle krönt das Melrose House, 1866 in feinstem viktorianischen Stil erbaut, Pretorias koloniales Erbe: Es diente als Ort der Friedensverhandlungen zwischen Briten und Buren nach dem Zweiten Burenkrieg; hier wurde 1902 der Vertrag der »Vereeniging« (Friedensvertrag) unterzeichnet. Prachtvolle Marmorsäulen, kunstvolle Bleiglasfenster und kostbare Mosaikböden machen das historische Gebäude zu einem der schönsten der Hauptstadt.

Die ruhigere Schwester von Johannesburg

Anders als ihre blicknahe metropolitische Konkurrentin Johannesburg lebt Pretoria von einer immer noch eher konservativen Beamten-Administration, die das hauptstädtisch-behäbige Getriebe weitgehend prägt. Ein Glück, dass der Regierungssitz außerdem noch jede Menge Hochschulen und akademisches Jungvolk auf die Beine bringt, was ihr ein wenig Schwung verleiht. Die beiden bekanntesten sind die Universiteit van Pretoria und die University of South Africa, Letztere mit über 100 000 Studenten eine der größten Fernuniversitäten der Welt. Im Süden der City, am Barea-Park, ragt das wichtigste Historiendenkmal der Afrikaans sprechenden Weißen auf: das bombastische Voortrekker-Monument. Der riesige Steinkubus ist 40 Meter hoch, lang und breit und erinnert mit seinem in Beton gemeißelten Relief, bestehend aus 60 Ochsenkarrenwagen, an den Großen Treck der Buren, die in

den 1830er Jahren aus der britisch dominierten Kap-Provinz nach Norden zogen – und, natürlich, an die Schlacht am Blood River (1838), in der die Zulus vernichtend geschlagen wurden.

Viele Museen und noch mehr blühende Bäume

Die Liste der Sightseeing-Stopps ist auch in Pretoria lang: Das naturkundliche Transvaal-Museum und das Pretoria-Art-Museum stehen darauf, ganz sicher das Kruger-House-Museum nahe der Grootkerk und vielleicht das Sammy-Marks-Museum, wo das Wohnhaus des südafrikanischen Industriellen interessante Einblicke in die Lebenswelt des 19. Jahrhunderts vermittelt. Im National Cultural History Museum befindet sich Südafrikas bedeutendste kulturgeschichtliche Sammlung. Dazu kommen das Old Capitol Theatre, das Hoofposkantoor (Hauptpostamt) und die drei erhaltenen historischen Wehrburgen der Stadt: Fort Schanskop, Fort Klapperkop sowie Fort West, allesamt als Museen in Betrieb. Für Übersicht sorgt das Tourist Rendezvous Center am Church Square, wo Besucher eine Karte mit der Jacaranda-Route erhalten, die auf drei verschiedenen Stadtrundgängen die schönsten Blumenstraßen Pretorias vorzeigt. 70 000 ursprünglich aus Südamerika eingeführte Jacarandabäume (*Jacaranda mimosifolia*) verschaffen der Stadt ihren Beinamen »Jacaranda City« und verwandeln ab Oktober die Straßen in ein faszinierendes rosa-violettes Blütenmeer. Von den zahlreichen Parks der Blumenstadt sind vor allem der National Zoological Garden zu nennen, der mit über 700 Tierarten einer der größten und in-

teressantesten Tiergärten weltweit ist, sowie Pretorias National Botanical Garden.

Nashörner vor der Haustür

Rund 45 Kilometer entfernt fertigt Johannesburgs International Airport, der von Pretoria nur eine halbe Stunde entfernt ist, Passagiere aus aller Welt ab. Schon bald soll eine Hochgeschwindigkeitsstrecke in Betrieb gehen, deren Züge auch Pretoria direkt an den Flughafen anbinden, mit einer Kapazität von bis zu 160 000 Passagieren pro Tag. Vermutlich bleibt der Pulsschlag der Regierungsmetropole weiterhin gleichmäßig und ruhig. An den Wochenenden machen sich die Hauptstädter auf in die Natur, jede Menge attraktiver Naherholungsziele liegen direkt vor der Haustür. Zum Beispiel das Gebiet um die Waterberg Mountains, das sich mit zahlrei-

chen exklusiven Wildtierreservaten und Nationalparks bis hinauf zum Lapalala River hinzieht. Eines davon, das private Naturschutzgebiet Lapalala Wilderness Area, ist weithin bekannt durch seinen außerordentlichen Bestand an Breit- und Spitzmaulnashörnern. Jenseits von Pietersburg/Polokwane ragt die Kette der Soutpansberge auf. Hier liegt das Stammesland der Venda, voller Mythen und Legenden, reich an Frucht- und Teeplantagen, mit herrlichen Wäldern und rauschenden Wasserfällen. 1836 hatte hier der Voortrekker Louis Trichardt in der gleichnamigen Stadt (dem heutigen Makhado, knapp 100 000 Einwohner) sein Lager errichtet. Auf 1000 Metern Höhe und mit grandiosen Ausblicken auf das Lowveld, die weiten Savannenebenen, die sich bis nach Mosambik hineinziehen, ist auch diese Umgebung atemberaubend.

DIE ROTE SPUR ...

der Freiheitskampf-Route führt erst ins benachbarte Johannesburg zum Gandhi Square und zur ehemaligen Kanzlei Oliver Tambos und Nelson Mandelas, die als Rechtsanwälte gemeinsam gegen die Apartheid kämpften. Im berüchtigten Johannesburg Fort war schon Mahatma Gandhi inhaftiert, später Nelson Mandela. In Soweto steht das ehemalige Wohnhaus der Mandelas auf dem Programm (heute Museum), ein Stück weiter das von Erzbischof Desmond Tutu. Pretorias Zentralgefängnis war zu Apartheidszeiten gefürchtet und sein Justizpalast verantwortlich für die Verhängung der Todesstrafe gegen Mandela. Letzter Stopp ist der Friedhof Mamelodi, auf dem eine ganze Reihe politischer Gefangener begraben ist, die durch das Apartheidsregime zu Tode kamen.

WEITERE INFORMATIONEN ZU PRETORIA

Tshwane Tourism Information Centre: www.pretoria.co.za, www.tshwane.gov.za
Gauteng Tourism Authority: www.visitgauteng.net

Südafrikas Las Vegas kann mit seinem gastronomischen Prunkstück »The Palace of the Lost City« protzen. Seine Märchenkreation zieht jährlich Millionen Besucher an (oben); dazu wartet die Phantasiewelt Sun City mit künstlichen Tropenstränden auf und, nur einen Katzensprung entfernt, im Pilanesberg National Park mit wilden Tieren.

26 Vergnügen pur in Sun City

Und nebenan: The Big Five im Pilanesberg National Park

Wem der Begriff »Vergnügungspark« Bauchschmerzen bereitet, sollte sich die südafrikanische Variante trotz aller Vorbehalte unbedingt antun. Denn so falsch kann keine Statistik sein: Millionen lassen sich jährlich durch ein Panoptikum der Verrücktheiten schleusen, und selbst der hartgesottenste Kritiker wird das weltberühmte künstliche und kunstvolle Spaß-Territorium anschließend ungläubig-verwundert kopfschüttelnd verlassen und geholfen haben, Tausende Arbeitsplätze zu sichern.

Zwei Stunden von Johannesburg entfernt, am Fuße des 1687 Meter hohen Pilanesberg, liegt der größte Vergnügungspark, der jemals aus afrikanischem Wüstenboden gewachsen ist: Sun City. 1977 wurde das südafrikanische Las Vegas in die Savannenlandschaft des ehemaligen Homelands Bophuthatswana gestampft und diente zu Apartheidszeiten vornehmlich als Amüsierpark der weißen Gesellschaft. Seither pilgern täglich Tausende in ihr Siebtes Weltwunder, um funkelnde Luxushotels, glitzernde Kasinos und die schrillsten Diskotheken zu erleben. Das Spaß-Eldorado bietet seinen durchschnittlich 25 000 Tagesbesuchern eine Arena für Pop-, Rock- und Sportveranstaltungen, Golfplätze, Kinos, reichlich Abenteuerspielplätze zur Ausübung von Extremsportarten, Wassersport und Strandvergnügen mitten in der Wüste, kurz: Unterhaltung jeglicher Couleur. Auf riesigen Flächen verarbei-

ten künstlich angelegte Strände ein beinahe stilechtes *beachlife*, und wer zwischendurch einen Kick braucht, schlendert nachmittags zur Fütterungszeit zum Crocodile Sanctuary, wo ein ebenso spannendes wie grausames Spektakel den müdesten Strandschläfer in Sekundenschnelle wieder hellwach macht. Und damit das alles auch Eltern viel Spaß macht, gibt es im Kinderparadies Kamp Kwena jede Menge Programm für die Kids.

Luxuriöse Kunstwelten in Lost City

1992 ließ Wüstenschloss-Erfinder Sol Kerzner, einer der reichsten Unternehmer des Landes, seine tempelartige Lost City dazubauen, die an den Mythos eines versunkenen afrikanischen Reiches anknüpft, und in Anlehnung an Disney-World die perfekte Illusion inszeniert: Erdbeben werden per Lautsprecher angekündigt (und finden natürlich auch

statt), im Valley of the Waves werden herrliche Sandstrände von Wellen umspült, die es eigentlich gar nicht gibt. Was übrigens auch auf das offizielle Zahlungsmittel zutrifft, denn das sind hier nicht südafrikanische Rand, sondern »Sunbucks«, mit denen sich tatsächlich auch etwas kaufen lässt.

Die Krönung von Kerzners Vergnügungsvision stellt der Märchenpalast »The Palace« dar, ein Luxushotel, das inmitten eines künstlichen Regenwaldes liegt. Die Edelherberge mit dem absolut unschlagbaren Ambiente, die zu den besten Hotels der Welt gezählt wird, ist von einem weitläufigen botanischen Garten umgeben und wartet mit atemberaubenden Interieurs auf sowie mit zwei 18-Loch-Golfplätzen im Gary Player Country Club und im Lost City Golf Course.

Wilde Tiere gleich nebenan

Wer zwischen Black Jack und Roulette Wildtiere besichtigen will, kann das gleich mit erledigen – im benachbarten Pilanesberg National Park, der vollkommen zu Unrecht unterbewertet erscheint, weil er in einem Atemzug mit den Vergnügungszentren von Sun City und Lost City genannt wird. Immerhin ist Pilanesberg mit 58 000 Hektar (einer Fläche so groß wie der Bodensee) der viertgrößte Nationalpark des Landes und besticht durch weitläufige, liebliche Savannenlandschaften sowie beeindruckende Felsformationen, die vor allem um den Mankwe-See im Krater eines 1,2 Milliarden Jahre alten erloschenen Vulkans aufragen. Dort findet sich nicht nur das komplette Sortiment der *Big Five*, sondern auch Vertreter anderer exotischer Wildtierarten wie Giraffen, Nilpferde, Zebras und Hyänen sowie seltene Rappenantilopen und Wildhunde. Auch die Vogelwelt ist ebenfalls sehr reichhaltig vertreten mit über 300 nachgewiesenen Arten.

Das gesamte Tierparadies findet inmitten einer wild wuchernden Vegetation zwischen Steilhängen, Schluchten und sanften Hügellandschaften statt und lässt sich auf zahlreichen gut befahrbaren Pisten im eigenen Pkw problemlos erkunden. Während der größte Besucheranteil auf organisierten Tagestouren von Sun City aus anreist, besteht in Pilanesbergs bildschönen Unterkünften die Möglichkeit, den obligatorischen Gin Tonic zum Sonnenuntergang ganz in Ruhe genießen zu können, während die anderen nach dem »Abhaken« der *Big Five* wieder ins Sündenbabel zurückfahren.

NATIONALPARKS UND NATURSCHUTZ

Insgesamt sind in Südafrika rund 600 Schutzgebiete etabliert: Davon sind über 20 staatliche Nationalparks, mehr als 400 Wild-, Marine- und Naturschutzgebiete, an die 500 Private Game Reserves. Für die staatlichen Parks ist die Verwaltung der South African National Parks Board mit Sitz in Pretoria zuständig, auch für die Rest-Camps sowie deren Buchung. Nationalparks lassen sich auf festen Pisten mit dem eigenen Pkw durchfahren, die meisten Camps bieten Unterkünfte für Selbstversorger an, von einfachen Hütten über komfortable Chalets bis zu Luxusherbergen.

Websites: www.sanparks.org, www.parks-sa.co.za; in KwaZulu-Natal www.kznwildlife.com

WEITERE INFORMATIONEN ZU PILANESBERG NATIONAL PARK UND SUN CITY

North West Tourism: www.tourismnorthwest.co.za, www.parksnorthwest.co.za, www.parks-sa.co.za, www.suninternational.com

Das Madikwe Game Reserve verzeichnet eine große Auswahl erstklassiger Wildlife-Lodges, die, jede auf ihre Art, das schönste Out-of-Africa-Feeling generieren. »Jaci's Tree Lodge« schafft das spielerisch mit Natur pur von außen und einem wahrhaftig stylischen Interieur – mitten im Busch (rechts oben).

27 Safari für Kinder: Madikwe Game Reserve

Ein mutiges Experiment und seine Folgen

Drei Fahrstunden nordwestlich von Johannesburg, an der Grenze zu Botswana, liegt eines der größten Wildschutzgebiete Südafrikas, das Madikwe Game Reserve. Mit 760 Quadratkilometern feinen Savannen- und Flusslandschaften ist Madikwe das Ergebnis eines staatlichen Experiments der Renaturierung unrentabler Farmgebiete und der Wiederauferstehung der ursprünglichen Wildnis. Vertreten ist hier inzwischen das komplette Dschungelbuch.

An die 500 Dickhäuter durchstöbern Madikwes Busch- und Baumvegetation auf der Suche nach Nahrung, und oft genug hinterlassen sie ein Chaos aus abgebrochenen Zweigen, zertrampelten Jungbäumen und abgeknickten Ästen. Zu Beginn waren es gerade mal 25. »Operation Phoenix« hieß die spektakuläre Unternehmung, die sie hierhin brachte, zusammen mit anderen wilden Kollegen aus dem Artenregister. Weil eine Studie herausgefunden hatte, dass in der dürren Landschaft wirtschaftliches Handeln und dringend benötigte Jobs am ehesten durch *wildlife* entstehen könnten, weshalb vor zwei Jahrzehnten eine der umfassendsten staatlichen Aktionen in Sachen Wildlife Management angelaufen war. Zur Durchführung des Mammutprojekts »Madikwe Game Reserve« gehörte das Errichten endloser Kilometer zweieinhalb Meter hoher,

elektrischer Zäune, der Abbruch vorhandener Gebäude und Siedlungen, das Planieren von Fahrpisten, die Konzessionsvergabe zum Bau von Game Lodges sowie die Umsiedlung ganzer Dörfer. Antilopen, Zebras, Giraffen, Wasserböcke und Gnus kamen durch Aufkäufe und Umsiedlungen aus anderen Teilen des südlichen Afrika in ihr angestammtes Gebiet zurück. Insgesamt waren das 8200 Tiere aus 28 Großwildarten.

Wildnis für Kinder

Eine der ersten Unterkünfte in Madikwe war »Jaci's Lodge«, die 1999 mit ihrem ungewöhnlichen Programm »Safari für Kinder« sofort zu einem durchschlagenden Erfolg wurde. Hier sind Kinder und Jugendliche jeden Alters willkommen, denn ein speziell auf sie abgestelltes Programm bietet vom Dschungelabenteuer

bis zum Fährtenleserkurs alles, was edukativ und gleichzeitig spannend ist und beiläufig die aufregende Tier- und Pflanzenwelt der Wildnis in der Praxis erklärt. Auch Eltern profitieren, weil sie ihre lieben Kleinen unter professioneller Aufsicht wissen, während sie selbst ungestört auf Safari sind. Tierbeobachtungen machen die Kleinen bis zum Alter von sieben Jahren mit eigenem Führer, der auf Interessen, Alter und Aufnahmefähigkeit der Kinder eingeht. Darüber hinaus bietet »Jaci's« besondere Safari-Programme für die Altersgruppe zwischen drei und zwölf Jahren an, die über die üblichen Kinderangebote hinausgehen: Speziell geschulte Führer geben Kurse im Spurenlesen, gehen mit den Kleinen auf die Pirsch, vermitteln Einblicke in traditionelle Handwerkstechniken der Einheimischen sowie über das Leben im afrikanischen Busch. Und natürlich Informationen über die wachsende Zahl der wilden Tiere, was im Fall der (zu vielen) Elefanten drängende Probleme aufwirft: Weniger als die Hälfte der Dickhäuter wären auf dem Territorium Madikwes tragbar. Daher läuft die Planung eines Korridors zum 100 Kilometer entfernten Pilanes-Nationalpark auf Hochtouren, der die beiden Reservate auf einer riesigen Fläche renaturierter Wildnis zu einem der größten Südafrikas vereinigen

und als »Heritage Park« dem legendären Krüger-Park mächtig Konkurrenz machen wird. Dann gäbe es auch wieder ausreichend Platz für die sich prächtig vermehrenden Elefanten.

Weg in die Moderne – der Stamm der Balete

Eine Besonderheit unter den Madikwe-Lodges ist das Experiment des Stammes der Balete, der zusammen mit einer privaten Beratergesellschaft, den Wildlife-Rangern der North-West-Parks-Behörde sowie Regierungsexperten die erste gemeindeeigene Safari-Lodge Südafrikas plante, baute sowie – als hundertprozentiger Eigentümer – selbstständig betreibt. Nach hartem Training sichern über zwei Dutzend Balete-Angestellte ein Einkommen für ihr Dorf Lekgophung, das darüber hinaus von einer Reihe weiterer Dienstleistungen profitiert. Der Weg aus der ärmlichen Stammessiedlung am Rande des Nationalparks zur Luxus-Lodge führte über eine stringente Eignungsauswahl und ein umfassendes Ausbildungsprogramm direkt in die globale Welt des modernen Ökotourismus. Balete-Chef Kgosi Tsiepe darf stolz darauf sein, dass sein 1000-köpfiger Stamm nun im Tier- und Naturschutz eine neue Existenzgrundlage gefunden hat.

LIMPOPO

Mahalapye · Limpopo · Polokwane (Pietersburg) ·

28 Waterberg Mountains · Potgietersrus ·

Thabazimbi · Nylstroom ·

PILANESBERG NATIONAL PARK · Bela Bela (Warmbad) ·

Sun City ·

Das altehrwürdige Farmgebäude (oben) könnte mit seinem Reetdach auf Sylt stehen, aber auch das ist Südafrika. Architektonisch fühlt sich der gute Geschmack hier auf jeden Fall zu Hause, wie auch Reiter, die sich die Wildnis auf dem Rücken der Pferde erobern. Tessa Barber (rechts oben, mit Anthony) spricht fließend Deutsch.

28 In den Waterberg Mountains

Reitsafaris, Wandertouren, Offroad-Trails

Aus der Ferne erscheint die 150 Kilometer lange Gebirgskette der Waterberge noch als sanfte Horizontkulisse, beim Näherkommen zeigen sich zerklüftete Gipfel, schroffe Felswände und imposante Auftürmungen, die sich im Gebiet der Kransberge bis zu 2000 Meter in den azurblauen Himmel recken. Auf dem Weg dorthin ließe es sich in Heilbron oder Frankfort pausieren. Oder in die heißen Thermalquellen von Warmbad, dem heutigen Bela-Bela, steigen und ein Heilbad nehmen, was bei Gicht und Rheuma helfen soll.

Eine ganze Reihe privater Schutzgebiete und Nationalparks hat sich in der Naherholungsregion Gautengs etabliert, darunter auch der Marakele-Nationalpark und die Lapalala Wilderness, die beide für ihre reichhaltige Nashornpopulation bekannt sind.

Ant Barbers Privatreservat

In der landschaftlich reizvollen Umgebung des Waterbergs haben sich auch Tessa und Anthony (Ant) Barber auf der elterlichen Farm niedergelassen, die auf 1300 Metern Höhe liegt. Ants Vorfahren, die 1820 aus England und Irland ans Kap kamen, hatten sich 1864 von dort aus mit vielen anderen landsuchenden Siedlern auf einem der beschwerlichen Ochsenwagen-Trecks auf den Weg gemacht, um nach einer neuen Heimat zu suchen. In den Waterberg Mountains wurden sie fündig, hier entstanden die altehrwürdigen Farmgebäu-

de, die heute immer noch da sind. Schon als kleiner Junge, erzählt Ant, sei es sein großer Traum gewesen, die wilden Tiere, die vorher auf dem Territorium gelebt hatten (und manchmal noch weit draußen vor den Zäunen zu sehen waren), irgendwann einmal wieder zurückzuholen. Was auch ökonomisch Sinn macht: Auf dem gesamten Areal könnten nur 500 Kühe weiden, nicht genug, um damit zu überleben. Der Vater mühte sich noch als Viehzüchter, als der Sohn schon die ersten Wildtiere einkaufte. Aber derartige Visionen verbrauchen viel Geld. Nashörner und Büffel sind nicht unter 20 000 Euro zu bekommen, Giraffen nehmen sich da mit rund 2000 Euro pro Stück noch verhältnismäßig preiswert aus. Inzwischen leben auf dem 5000 Hektar großen Gelände mehr als 40 Wildarten – Breitmaulnashörner, Büffel, Zebras, prachtvolle Säbelantilopen, seltene Nyalas

sowie Oryx, Eland und Wasserböcke – friedlich nebeneinander. Was viele gelangweilt abwinken lässt, gerät für andere Safariliebhaber zum besonderen Erlebnis: In Ant's Privatreservat gibt es keine Raubtiere. Dafür aber erstklassige Mountainbikes sowie an die 50 Reitpferde. Im Sattel lässt es sich auf Tuchfühlung an bis zu drei Tonnen schwere Rhinos heranradeln oder -reiten, Zebras auf Rad- oder Pferdelänge bestaunen oder ungewöhnliche Größenverhältnisse zwischen Ross, Reiter und Bike neben aufragenden Giraffenhälsen herstellen.

Kinder erleben die Wildnis

Schnell kam bei den Besitzern die Idee auf, mit ihren Lodges der »Ant's Collection« ein Wildnisparadies für Eltern mit Kindern zu schaffen. Mit viel Sinn für Interieur und Design entstand aus den Farmgebäuden ein architektonisch bestechendes Ambiente mit prachtvollen Natursteinmauern und ausladenden Reetdächern, was eine ganz besondere heimelige Atmosphäre schafft. Auf große »kleine« Faulpelze wartet ein Zaubergarten mit Riesenpool, und auf Kinder jeden Alters eine lebensverändernde Erfahrung durch Ants sehr spezielle Wildnisprogramme. Sechs Ponys sowie Reitstunden für Kids machen diese tagsüber für Eltern quasi unsichtbar.

Lapalala Wilderness

In ähnlicher Weise ist auch die Lapalala Wilderness für Kinder und Jugendliche bestens geeignet mit speziellen Bildungsprogrammen, Kanufahrten und Wanderungen. In kleinen einfachen Buschcamps können Familien als Selbstversorger mitten in der Wildnis logieren und ein Safarierlebnis der besonderen Art genießen. Auf dem 26 000 Hektar großen Gelände tummeln sich Flusspferde, Nashörner, Gnus, Zebras und Antilopen sowie an die 300 Vogelarten. Den weltweit größten Bestand an Kap-Geiern, die vom Aussterben bedroht sind, kann man mit Hunderten von Brutpaaren im nahen Marakele-Nationalpark bestaunen. Empfehlenswert ist ein Besuch des Rhino Cultural Museums in Melkrivier, das umfangreich über die vom Aussterben bedrohte Spezies Nashorn informiert. Zum Beispiel auch darüber, dass einige Wildparks dazu übergegangen sind, ihre Rhinozerosse zu betäuben und ihnen dann das Horn abzusägen, weil immer noch Wilderer trotz aller Schutzmaßnahmen erfolgreich als Zulieferer des Irrglaubens unterwegs sind, das pulverisierte Horn sei ein wirksames Potenzmittel. Wofür in Asien horrende Summen bezahlt werden; was die Wilderei heute immer noch zu einem Problem macht.

DREI TONNEN MASSE

Rhinozerosse sind kurzsichtig, haben einen hervorragenden Geruchssinn und ein präzises Gehör – weshalb sie so oft schreckhaft reagieren. Ihr einziger Feind ist der Mensch, von dem sie nichts wollen, weil er ihnen nicht schmeckt. Durch Wilderei sind die friedlichen Vegetarier noch immer vom Aussterben bedroht, wenngleich es dank intensiver Schutz- und Aufzuchtprogramme in ganz Afrika wenigstens wieder 3000 Spitzmaulnashörner und 11 500 Breitmaulnashörner gibt. Wobei die Bezeichnung schwarzes oder weißes Nashorn nichts mit der Farbe zu tun hat, sondern mit seinem Maul: Irrtümlich war *white* aus *wide* geworden, was den großen Mund des Breitmaulnashorns als Unterscheidungsmerkmal beschreibt.

WEITERE INFORMATIONEN ZUR WATERBERG-REGION

Limpopo Tourism:
www.limpopotourism.org.za
The Ant Collection: www.waterberg.net,
www.ridingsouthafrica.com
in Deutschland:
www.exclusivetravelchoice.com

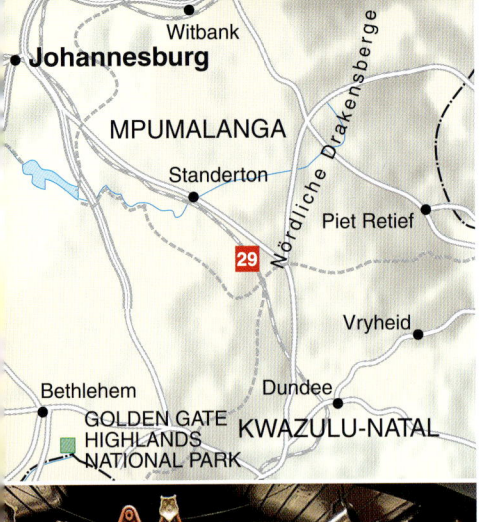

MPUMALANGA

Witbank
Johannesburg
Standerton
Piet Retief
Vryheid
Bethlehem
Dundee
GOLDEN GATE KWAZULU-NATAL
HIGHLANDS
NATIONAL PARK

Romantische Dampflok-Führerstände mit messing- und chromblitzenden Instrumenten, Salonwagen, die mit Plüsch und Edelholz den Luxus vergangener Zeiten beschwören, livriertes Personal, das im richtigen Augenblick zur Stelle ist: Auf Schienen mitten durch Afrika zu dampfen ist die Creme jeder rollenden Nostalgie.

29 Rovos Rail: Ein Traum seit hundert Jahren

Mit der Eisenbahn durch Afrika

Schon zu frühen Kolonialzeiten existierte der Traum, ganz Afrika auf der Längsachse von Kairo bis nach Kapstadt in ein und demselben Zug durchqueren zu können. Nie ließ er sich tatsächlich verwirklichen, wenngleich man aus strategischen und ökonomischen Gründen Schienentrassen kreuz und quer durch den Kontinent trieb. Heute befahren historische Schmuckstücke für Liebhaber luxuriöser Zugreisen die schönsten Teilstrecken.

Auch das war schon vor 100 Jahren so, wie ein Zeitzeuge die Sehnsucht nach der Schiene beschreibt: »Jetzt fuhren die Eisenbahnen vom Kap der guten Hoffnung und von Natal aus ohne Schwierigkeiten auch Vergnügungsreisende«, notierte August Wilhelm Grube 1923 über die frühe Entwicklung der heutigen Luxuszüge, »auf die Hochflächen, hinein bis nach Rhodesia, bis an die Viktoriafälle des Sambesi.« Grube erwähnt die dreibogige Eisenbrücke, die den mächtigsten Fluss Afrikas unterhalb der Fälle schon überschritten habe, die legendäre Victoria Bridge. Als Beispiel großartiger Ingenieurskunst wurde sie im Jahr 1904 über die Schluchten der Victoria Falls gesetzt und ist heute noch ein atemberaubender Brückenschlag zwischen Mugabes marodem Simbabwe und dem florierenden Sambia. Damals konnten Eisenbahnfans auf die Schlie-

ßung der noch bestehenden Trassenlücken zwischen den Victoriafällen und Kairo hoffen. Der Autor verweist auf die Fortschritte der Uganda- und der Chartumbahn, und sieht die Verwirklichung der großen Eisenbahnervision schon in greifbare Nähe gerückt, »ein Riesenwerk englischer Tatkraft«: die Kap-Kairo-Bahn.

Der Shongololo-Express

Wie kein anderes afrikanisches Land hat Südafrika das Schienenerbe in der Gegenwart angetreten und lässt zahlreiche seiner Züge auf den schönsten Strecken durch Wüsten, Savannen und an seinen Traumküsten entlangfahren. Einer der bekanntesten ist der Safarizug Shongololo Express, der auf seinen Routen Southern Cross, Dune Express und Good Hope die Garden Route entlang bis nach Durban fährt sowie bis nach Namibia und zu den Victoriafällen. Die

Zugreise findet hauptsächlich nachts statt, denn tagsüber geht es auf Safari und Landexkursionen.

Rovos Rail: Von Kapstadt zu den Victoriafällen

Die beiden anderen renommierten Eisenbahnlinien Rovos Rail und Blue Train bieten ebenfalls ein spektakuläres Sightseeing-Programm an. Mehrmals im Jahr veranstaltet Rovos Rail speziell aufgelegte Sechstagesfahrten von Kapstadt bis zu den Victoriafällen, mit vier Nächten an Bord sowie einer Hotelübernachtung in Pretoria. Auf der Reise sind Stopps mit Exkursionen in Matjiesfontein und der Minenstadt Kimberley eingeplant (eine Fahrt auf der historischen Straßenbahn zum Big Hole sowie einem Museumsbesuch inklusive), außerdem Pretoria und der Hwange-Nationalpark, bevor der Luxuszug nach einer Wochenreise im Bahnhof von Victoria Falls einläuft. Dort wartet gleich neben dem historischen Bahnsteig die Perle aller afrikanisch-kolonialen Edelherbergen, das »Victoria Falls Hotel«. In der Eingangshalle von »Vic Falls« prangen großflächig die Porträts von Queen Mary und King Georg V., vom Hotelgarten aus zeigt sich der »donnernde Rauch« der rauschenden Fälle jenseits der Victoria-Brücke, die sich wie eine Fata Morgana vor den Terrassengästen

über die Abgründe spannt und die bizarren Sambesi-Schluchten auf fragile Weise verbindet. Tatsächlich mahnt hier eine Hinweistafel den alten Eisenbahnertraum an: »Cape Town 1647 miles – Cairo 5165 miles«.

Von Kapstadt nach Kairo

Dieser Traum lässt sich in der Realität buchen: »Cape to Cairo« nennt sich das einmalige Abenteuerpaket, das Rovos Rail auf einer heroischen Reise von Kapstadt nach Kairo anbietet. Die in Kapstadt beginnt und über Simbabwe und Sambia bis nach Daressalaam in Tansania führt. Von dort geht es per Flugzeug weiter über Sansibar, Tansania, Uganda und Sudan bis nach Assuan, wo ein Nilkreuzfahrtschiff den Weitertransport bis nach Luxor übernimmt. Die letzte Lücke bis Kairo schließt wieder ein Flug. Wer nach Belegen für den real existierenden Luxus sucht, findet beispielsweise in jedem Blue-Train-Abteil sein eigenes Badezimmer, Telefon & TV sowie natürlich Aircondition. Der wahre Luxus entfaltet sich für Eisenbahnfans bei einem Blick in den Maschinenraum einer Rovos-Dampflokomotive, wo blitzblanke Messing- und Chrom-Mechanik von anno dazumal dem wohligen Gefühl von Nostalgie, das sich in den Waggons verbreitet, nochmals kräftigen Nachdruck verleiht.

NOSTALGIE AUF SCHIENEN

Der Service auf den berühmten Luxuszügen von Rovos Rail, Shongololo und Blue Train lässt kaum Wünsche offen, und das Ambiente stimmt: Als filmische Endlosschleife zieht draußen das Out-of-Africa-Kino vom Allerfeinsten vor den Zugfenstern vorbei, während drinnen die Atmosphäre stilvoller Kolonial-Interieurs Lust auf ultimativen Genuss macht. Bei Rovos beispielsweise verraten die Buchungsklassen Pullman, Deluxe und Royal den individuellen Anspruch auf Exklusivität, wobei unisono für alle Mitreisenden gilt: den Pulsschlag der Begeisterung gestaltet der Grad des Luxus nicht. Hier gilt in ganz besonderer Weise: Der Weg ist das Ziel. Und der findet aufregend und ratternd und rumpelnd zu jeder unglaublichen Sekunde mitten in Afrika – auf Schienen – statt.

INFORMATIONEN ZU DEN HISTORISCHEN ZUGLINIEN

Rovos Rail: www.rovos.co.za
Shongololo Express:
www.shongololo.com
Blue Train: www.bluetrain.co.za
Shosholoza Meyl: www.spoornet.co.za
Premier Class: www.premierclasse.co.za
Outeniqua Choo-Tjoe:
www.onlinesources.co.za sowie
www.railsafari.co.za

105

Die Nordprovinz Limpopo, zwischen
dem nördlichen Teil des Krüger-Parks,
Botswana und Simbabwe gelegen, bietet
aufregende Tierszenen satt sowie Berg-
quellen, Savannen, Feuchtgebiete, Steil-
hänge, Teeplantagen, Obstgärten und
skurrile Felsformationen. Und natürlich
aufregende Wildlife-Geschichten, die am
lodernden Feuer in der Boma die Runde
machen.

Limpopo

Zu den Überresten früher menschlicher Siedlungen gehören Tongefäße und Goldgegenstände, Relikte einer steinernen Festung aus dem 11. Jahrhundert und Felszeichnungen steinzeitlicher San. Die lassen sich auf einer Pirschfahrt im Gebiet um den archäologisch so wertvollen Mapungubwe Hill ganz beiläufig besichtigen.

30 Auf der Liste der UNESCO: die versunkene Stadt

Archäologische Fundstätten im Mapungubwe National Park

Eines der am wenigsten bekannten Naturreservate des Landes hält sich im Dreiländereck von Botswana, Simbabwe und Südafrika versteckt, im äußersten Norden: der Mapungubwe National Park. Weit abgeschlagen von den üblichen Routen, die Südafrikas touristische Highlights verbinden, bringt dieses lange isolierte und deshalb ursprüngliche Juwel der Natur nicht nur Antilopen, Giraffen und seltene Wildhunde vor die Kamera (sowie die komplette Familie der *Big Five*), sondern auch aufregende Zeugen einer steinalten Zivilisation.

Im fernen Grenzgebiet des Limpopo River (nach dem die nördliche Provinz benannt ist) versteckten sich früher Waffenschmuggler, Elfenbeinjäger und zwielichtige Subjekte aller Art, um sich dem Arm des Gesetzes zu entziehen, was zahllose Geschichten und Anekdoten produziert hat. Wahr ist, dass hier das versunkene Königreich Mapungubwe zu vermuten ist, und tatsächlich: Hier liegt sie möglicherweise, die »versunkene Stadt«, die den Multimilliardär und Vergnügungspark-Unternehmer Sol Kerzner beim Bau seines Dschungelimperiums Sun City/Lost City inspirierte. Nur: Diese hier steht seit 2003 auf der UNESCO-Liste des Weltkulturerbes. Ein Jahr zuvor war aus dem Areal um den Mapungubwe Hill (bis dahin das ehemalige Vhembe-Naturreservat) Südafrikas jüngster Nationalpark entstanden, und schon ist

ein noch ehrgeizigeres Projekt in Sicht, die Zusammenlegung des Mapungubwe National Park mit dem Tuli-Reservat in Simbabwe und dem Shashe-Reservat in Botswana zum Limpopo-Shashe Transfrontier Park. Dann würden aus den bisherigen 28 000 Hektar Schutzgebiet 800 000 werden, einer der größten Parks im südlichen Afrika würde so entstehen.

Zeugnisse uralter Kulturen

Die kulturhistorischen Schätze des Mapungubwe bestehen aus einer Reihe archäologischer Fundstellen, wie beispielsweise den Gräbern von Mapungubwe, die in den 1930er Jahren entdeckt wurden. Über 20 Königsgräber aus der Eisenzeit ließen sich freilegen, die Gold- und Elfenbeinschmuck, Geschmeide, Amulette, Haarschmuck

sowie Glas- und Porzellanperlen enthielten. Wissenschaftler gehen davon aus, dass hier einst Tausende Menschen siedelten und es sich bei dieser versunkenen Stadt möglicherweise um die frühe Hauptstadt des Königreichs Groß-Simbabwe handeln könnte. Auch belegen Höhlenzeichnungen der San die Existenz einer eisenzeitlichen Kultur zwischen 700 und 900 n.Chr. sowie einer Hochkultur um 1250 n.Chr. mit verschiedenen Siedlungen. Aufgrund von Funden und Zeichnungen lässt sich vermuten, dass es damals schon Handelsbeziehungen zu arabischen Kaufleuten gegeben haben muss, möglicherweise sogar zu Indien und China. Die Überreste einer steinernen Festung stammen wahrscheinlich aus dem 11. Jahrhundert. Archäologen gruben hier das berühmte Goldene Nashorn aus, eine kleine Skulptur, die zu großen Spekulationen über das vergangene Königreich von Mapungubwe Anlass gab. Lange war das Fundstättenareal Sperrgebiet der Archäologen der Universität von Pretoria, und Besucher wurden nur auf Voranmeldung zugelassen. Heute erfreut es sich wachsender Beliebtheit.

Stilles Naturparadies

Wer sich auf der N 1 (die bis nach Harare in Simbabwe führt) über Messina auf den Weg macht, oder von Pietersburg aus auf der R 521, wird reich belohnt: Am Zusammenfluss des Limpopo und des Shashe River ziehen Adler majestätisch ihre Runden, das stille, abgelegene Naturparadies wartet mit einer artenreichen Flora und Fauna auf, mit herrlichen Mopane-Wäldern, beeindruckenden Sandsteinformationen, großartigen Flussarealen und aus der Landschaft herausragenden steinalten Baobab-Riesen. Für Vogelfreunde flattern hier über 400 Arten! In den staatlichen Restcamps Leokwe, Limpopo Forest Tented Camp sowie Vhembe Trails Camp lässt es sich komfortabel nächtigen. Touren zu den Fundstätten stehen in verschiedenen Größenordnungen organisiert zur Verfügung, für begeisterte Hobby-Archäologen sogar mehrtägige, inklusive Übernachtung und Verpflegung. Die besten Reisezeiten für den Mapungubwe National Park sind Herbst, Winter und Frühling. Ausgerechnet dann, also zwischen Oktober und Mai, ist allerdings eine Malariaprophylaxe zu empfehlen.

AUFREGEND: MIT DEM BALLON IN DIE LÜFTE

Es dauert nur zehn Minuten, dann bläht sich das mit 6500 Kubikmetern Heißluft gefüllte Hyperlast-Polyestersegel bis zum Abheben, und unten wird alles zur Miniatur, während der Korb sich mit seinen staunenden Passagieren schwebend davontragen lässt. Mit 80 000 bis 100 000 Euro schlägt so ein Fluggerät zu Buche, dazu kommen hohe Versicherungskosten und teure Sicherheitsstandards sowie pro Fahrt bis zu 15 Kilogramm Propangas, was Ballonfahren zu einem kostenintensiven Abenteuer macht, aber Südafrikas Naturparadiese aus einer ganz anderen Perspektive zeigt.

Informationen: www.balloon.co.za, www.balloonsoverafrica.co.za, und für Ballonfahrer am Kap: www.kapland.de

WEITERE INFORMATIONEN ZU MAPUNGUBWE

Übernachtungs-Tipp: Mopane Bush Lodge (vier Kilometer vom Parkeingang), www.mopanebushlodge.co.za
Mapungubwe National Park: www.sanparks.org/parks/mapungubwe
Limpopo Tourism: www.limpopotourism.org.za, www.limpopo-collection.co.za

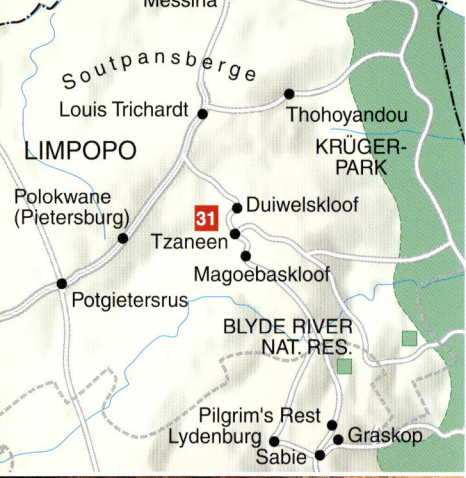

31 Knallgrüne Teeplantagen, kristallklare Bäche

Nicht nur Tzaneens Obstkorb ist reich gefüllt

Kaum bekannt, aber ein sehr besonderes Reiseziel ist die 1912 gegründete Farmerstadt Tzaneen mit ihrer überaus reizvollen Umgebung. Die 75 000 Einwohner der bildschönen Region können sich glücklich schätzen, was schon die Anfahrt über den Magoebaskloof-Pass beweist, der zwischen Haenertsburg und Tzaneen auf einer Strecke von fünf Kilometern einen Höhenunterschied von 600 Metern überwindet.

Der Weg nach Tzaneen führt durch dichte Wälder, in denen sich kristallklare Bäche und wild rauschende Wasserfälle verbergen, bis sich jenseits der Passhöhe das fruchtbare Letaba Valley öffnet. Im Überfluss gedeihen hier Mangos, Avocados, Kiwis, Litschis, Tomaten, Zitrusfrüchte, Kirschen, Bananen, Macadamia- und Pekannüsse sowie Papayas. Auf den fruchtbaren Böden der subtropischen Region wächst beinahe alles, was Tzaneen und Umgebung zum Früchtegarten der Nordprovinz macht. Bei ausreichenden Niederschlägen lassen die moderaten Temperaturen sogar Teebüsche grünen! Weshalb sich im einzigen Teeanbaugebiet Südafrikas zu beiden Seiten der Straße die Teeplantagen des Sapekoe Tea Estate ausbreiten.

Berauschend: die Wasserfall-Route

Neben dieser agrartechnischen Überraschung finden sich rings um Tzaneen für Einheimische wie anreisende Besu-

cher Attraktionen zuhauf. Die Debengeni Falls im De Hoek State Forest sind längst nicht die einzigen Wasserfälle, die hier zum Baden einladen, und auch deshalb zählen die beiden Wanderpfade der Komatiland Forestry Association bei Naturliebhabern zu den Geheimtipps: Die Route des Debengeni Falls Trails führt über eine Länge von 21 Kilometern durch ein wahres Zauberland, der Dokolewa Waterfall Trail bahnt sich seinen Weg über 40 Kilometer, was Übernachtungen in romantischen Hütten zwischen rauschenden Wasserkaskaden und sprudelnden Bachläufen mit sich bringt. Sightseeing-Highlights ergeben sich in der Umgebung von Tzaneen wie von selbst. Zum Beispiel das 25 000-Einwohner-Städtchen Duiwelskloof, das sich in den waldreichen Bergen nördlich von Tzaneen versteckt. Sein Name (Teufelsschlucht) erinnert an strapaziöse Transporte auf burischen Ochsengespannen, die sich durch steile Canyons und

Die weltberühmte Bar im Baobab-Tree kommt ebenso überraschend daher, wie das satte Grün der Teeplantagen in Tzaneens Umgebung: Radfahren, Wandern und Klettern sind hier angesagt, aber auch Quadbiking, Rafting und Mountainbiking.

über halsbrecherische Höhen quälten, als es die viel bequemere Bahntrasse von Pietersburg, der Hauptstadt der Nordprovinz, bis ins Lowveld noch nicht gab. Im nahen Naturreservat Modjadji Cycad Forest ist Südafrikas größter Bestand an Modjadji-Palmfarn-Bäumen (*Encephalartos transvenosus*) zu finden. Bei den hochwachsenden Bäumen handelt es sich um lebende Fossilien aus der Zeit des Mesozoikum vor rund 50 bis 60 Millionen Jahren. An der Strecke zum Nachbarort Gakgapane thront der *Giant Baobab Tree* als einer der größten Affenbrotbäume der Welt, was sich eine Baumkneipe zunutze macht, die im Stamm des Riesen einen Ausschank betreibt.

Südlich von Tzaneen wartet mit dem »Coach House« ein bezauberndes Country Hotel, das sich seine Kundschaft vom Krüger-Park abzwackt, der sich von hier aus bequem erreichen lässt; Krügers Phalaborwa Gate ist nur eine Autostunde entfernt. Auch die privaten Tierschutzreservate, die sich westlich vom Krüger-Park ausbreiten (zum Beispiel Sabi Sand), liegen in greifbarer Nähe, was Tzaneen zu einem empfehlenswerten Stop-over macht.

Exotisch: die Obst-Route

Bei der Rückfahrt von Tzaneen ins pittoreske, 1887 gegründete Goldgräber-Städtchen Haenertsburg wäre der Forest Drive über die Passstraße nicht der einzige Weg aus diesem lieblichen Landschaftsparadies: Die George's Valley Road führt nämlich zum gleichen Ziel, aber durchs fruchtbare Tal des Letaba-Flusses an ausgedehnten Mango-, Banannen- und Zitrusplantagen entlang, wo sich an zahlreichen Obstständen an den Straßenrändern Vitamine für die Weiterfahrt tanken lassen.

Wanderfreunde werden sich gewiss nicht nur mit einem kurzen Halt begnügen, sondern sich den Mageobaskloof-Forest zwischen Tzaneen und Haenertsburg in Ruhe erlaufen. Er kann unberührte, dichte Wälder mit einer erstaunlichen Baumvielfalt aus Yellowwood und Buschweiden, Stinkwood und Zitronenholz aufbieten, zwischen den mächtigen Stämmen der Riesen blühen wild leuchtende Orchideen. Mit über 300 Vogelarten ist der Mageobaskloof für Hobby-Ornithologen interessant. Aber auch Leoparden, Buschschweine, Meerkatzen und Buschböcke sorgen für ausreichend Leben im Unterholz.

FLORA: NATURE'S PARADISE

Südafrikas Baumbestand listet gewaltige Affenbrot-, Mopane-, Ebenholz- und Mahagonibäume sowie Akazien, Feigenbäume, Palmen, Stinkwood und Yellowwood auf. Zu den Riesen gesellt sich eine überschwängliche Blütenpracht: In den Wüsten die Wildblumen- und Sukkulentenwunder, in der Kap-Region eine einzigartige Fynbos-Vegetation. Mit über 200 Pflanzenfamilien versammelt Südafrika die Hälfte der gesamten Weltflora auf seinem Gebiet und kann mit 22 000 blütentragenden Arten protzen. Die Königs-Protea ist als Nationalblume Südafrikas zu einer bildschönen Berühmtheit geworden. Die prächtigsten Blütengärten sind: Kirstenbosch National Botanical Gardens, Karoo Botanical Garden, Natal National Botanical Garden, Free State National Botanical Garden, National Botanical Garden/Pretoria, Witwatersrand Botanical Garden, Lowveld National Botanical Garden, Harold Porter National Botanical Garden (National Botanical Institute, www.sanbi.org).

WEITERE INFORMATIONEN ZU TZANEEN

Greater Tzaneen Tourism: www.tzaneeninfo.co.za, www.limpopo-collection.co.za

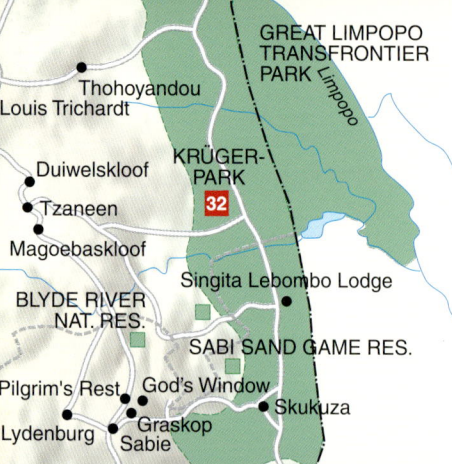

GREAT LIMPOPO
TRANSFRONTIER
PARK

Thohoyandou
Louis Trichardt

Duiwelskloof

KRÜGER-
PARK
32

Tzaneen

Magoebaskloof

Singita Lebombo Lodge

BLYDE RIVER
NAT. RES.

SABI SAND GAME RES.

Pilgrim's Rest   God's Window

Lydenburg   Graskop   Skukuza
Sabie

Vom Olifants Rest Camp auf diese Fluss-
szene zu schauen macht deutlich, was
die riesige Arche der Wildtiere, die sich
weit bis nach Mosambik hineinzieht, tatsächlich bedeutet. Dieser junge Gepard
(oben) hat sein Jagdrevier unter Kontrolle, was er und all die anderen Kollegen
dem Burenhäuptling Ohm Kruger zu verdanken haben.

32 # Die Arche der Wildtiere: Krüger-Park

Neben Grzimeks Serengeti das bekannteste Tierparadies

Was wäre der Kontinent ohne seine wilden Tiere? Sie sind Afrikas Faustpfand und zugleich ein brillantes Erbstück der Evolutionsgeschichte. Für die hält Südafrika über 20 Nationalparks sowie zahllose Naturparks, Wildreservate und andere Schutzgebiete bereit, auf einer Gesamtfläche so groß wie das Bundesland Bayern. Allerdings weht den staatlichen Nationalparks seit dem Fall der Apartheid ein frischer Wind entgegen. Auch Südafrikas Flaggschiff, dem »Kruger«.

Während früher die Tierenklaven als Hätschelkinder der weißen Afrikaaner-Elite galten, die sich durch Tierschutz international profilierte, bescherte die politische Wende den Nationalparkbehörden kapitale Probleme. Denn mit dem Volkshelden Mandela an der Spitze der ersten freigewählten und schwarzen Regierung tauchten sofort zahlreiche Interessengruppen auf, die an den Parktoren rüttelten: die Urvölker der San und Khoikhoi mit ihren Ansprüchen auf Landrückgabe; schwarze Farmer und Kleinbauern, die abgetretenes Territorium zurückwollten; arme Dorfbewohner an den Parkrändern, die nicht mehr verstanden, warum sie weiterhin darben sollten, während marodierende Wildtiere ihre spärlichen Felder verwüsteten sowie politische Gruppen, denen die Finanzierung der ehemaligen Spielwiesen weißer Großwildjäger und betuchter Fototouris-

ten angesichts der sozialen Verwerfungen Südafrikas zu weit ging. Dazu muss man wissen, dass beispielsweise um die Siedlung Hazyview, direkt vor den Grenzen des Krüger-Parks, in einem 30-Kilometer-Radius über eine halbe Million Menschen leben und diese Gegend damit nach Johannesburg die am dichtesten besiedelte Region ist.

Der frische Wind eines neuen Verständnisses von Tierschutz hieß Wirtschaftlichkeit, was bedeutete, dass die bislang subventionierten staatlichen Parks umdenken und sich auf eigene finanzielle Beine stellen mussten. Aber wie? Im Krügerpark sind Dutzende Camps zu unterhalten, Tausende Kilometer an stattlichen Zäunen (Kudu-Antilopen überspringen eine Höhe von 2,50 Metern), 2500 Kilometer Straßen und Pisten, Verwaltungsgebäude innerhalb und außerhalb des Parks sowie dafür

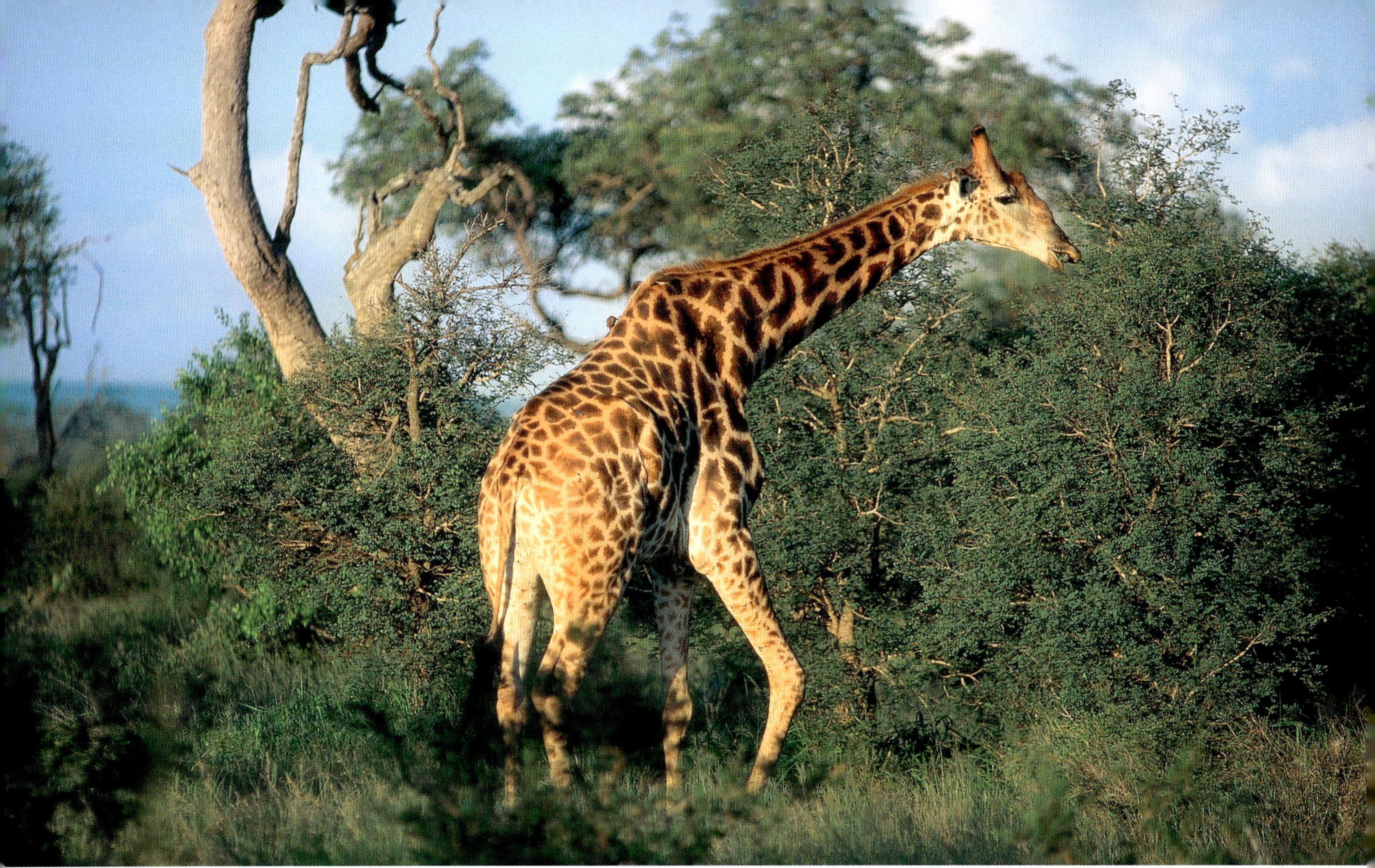
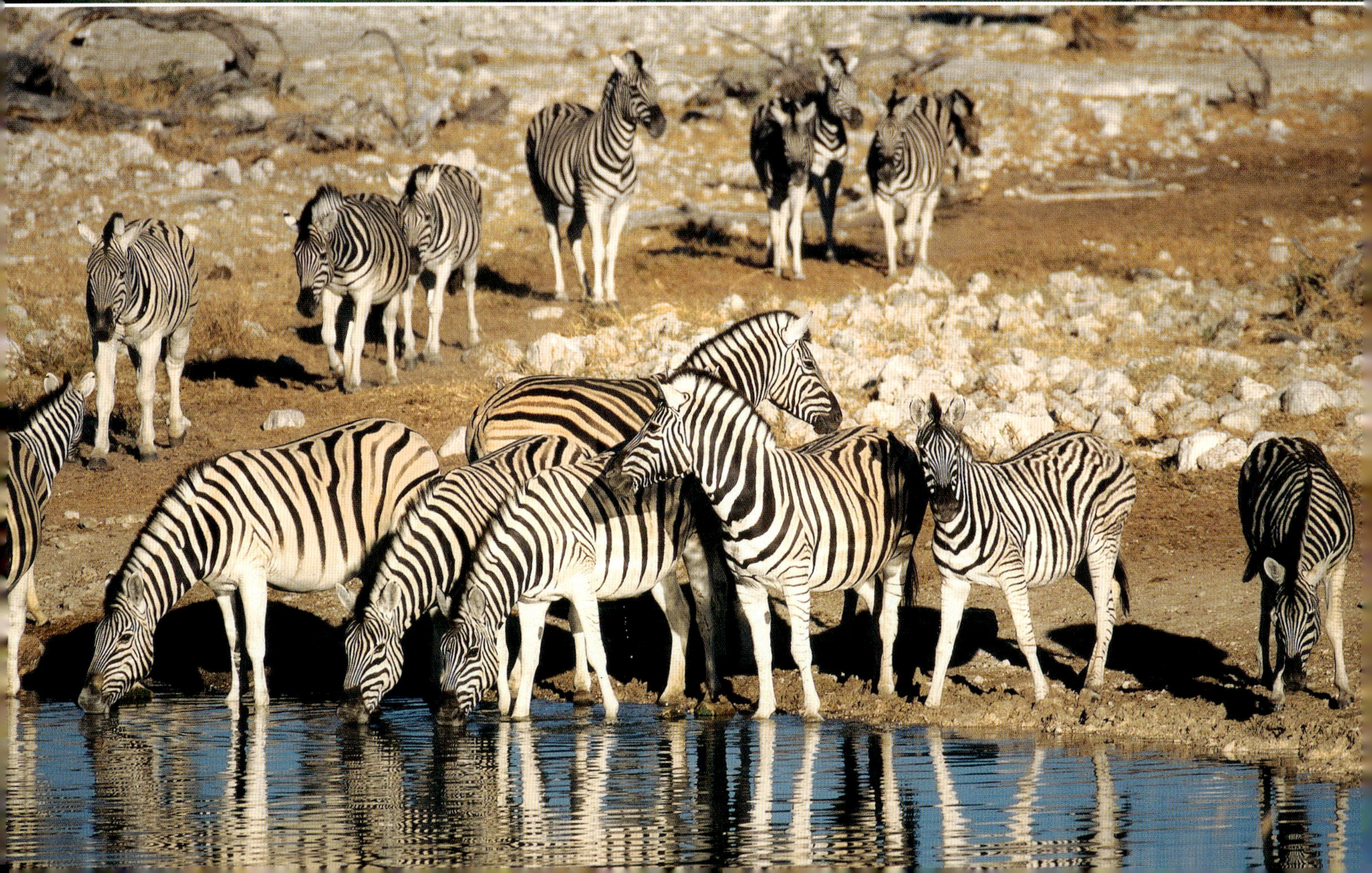

Das kostbare Nass des Olifants River zieht massenhaft Wildtiere an, die es während der Trockenzeit hier zur Tränke treibt. Relativ unbekümmert dürfen Elefanten Wasser aufnehmen, Beutetiere von Leopard (oben), Löwe und Gepard (unten) müssen sich dabei hellwach benehmen. Sonst wird die Labsal blitzschnell zum letzten Schluck.

notwendiges Personal, das monatlich auf Bezahlung wartet.

Ohne Grenzen: Transfrontier-Park

Mit einer Längsausdehnung von 320 Kilometern und einer Fläche von Rheinland-Pfalz ist der Krüger-Park nicht gerade eine kleine Unternehmung. Die Einrichtung des Great Limpopo Transfrontier Park, den Nelson Mandela persönlich eröffnete, machen die Herausforderungen nicht geringer. Der neue Peace-Park ohne Grenzen, der den südafrikanischen Krüger-Park, den Gaza-Park in Mosambik und den Gonarezhou-Nationalpark in Simbabwe vereint, wird mit 35 000 Quadratkilometern so groß wie Baden-Württemberg sein, wenn die Grenzzäune endgültig fallen. Die Tiermengen, die der Krüger-Park auf seinem Gebiet auflistet, sind gewaltig. Nur konkrete Zahlenbeispiele helfen der Phantasie: 114 Arten von Reptilien und 147 Säugetierarten bringen 3000 Flusspferde, 30 000 Zebras, 25 000 Büffel, 150 000 Impala-Antilopen, 9000 Giraffen, 1000 Leoparden und 300 Geparden in die Statistik. Vögel zählt niemand. Sie kommen auf 500 Arten, darunter auch die skurrilen Ausputzer, die Geier: Gaukler-, Ohren- und Wollkopfgeier, Weißrücken- und Kappengeier sorgen dafür, dass vom Abgenagten der Raubtiere nichts ungenutzt bleibt. Zu den größeren Reptilien zählen rund 3000 Krokodile, die bis zu sechs Meter lang werden. Kleinere Reptilienarten sind kaum weniger erschreckend. Gemeint sind Südafrikas Schlangen. Wer glaubt, die »Arche Noah Krüger-Park« sei ein Garten Eden, der sich auf paradiesische Weise selbst erhält, irrt. Nicht nur 10 000 Elefanten,

1500 Löwen und die ganz besonders kostbaren Nashörner erfordern eine aufwendige Boden-Luft-Überwachung, damit das fragile ökologische Gleichgewicht keinen Schaden nimmt. Und damit auch die Ökonomie stimmt. Denn was der staatliche Tierschutz zum Wohle der Tiere vor allem braucht, sind gefüllte Kassen.

Ökonomische und andere Regeln

Geld bringen dem Krüger-Park maximal 5000 Tagesbesucher, die hier im eigenen Pkw auf die Pirsch gehen dürfen. Die staatlichen Rest-Camps bieten Elektrizität, Krankenstation, Supermarkt, Waschsalon, Restaurant, Bistro, Telefon und Tankstelle sowie Unterkünfte vom Campingplatz bis zum klimatisierten Safari-Bungalow. Selbst die einfache Kategorie Safari Tents offeriert einen gewissen Luxus: Die Zeltcamps bieten bis zu vier Schlafplätze, Kühlschrank und einen Ventilator, der die staatlich organisierte Afrika-Atmosphäre verstärkt. Für Ausflüge auf eigene Faust gelten klare Regeln: Fahrten im offenen Wagen sind nicht erlaubt, unterwegs auszusteigen schon gar nicht (außer an markierten Stellen und offiziellen Rastplätzen), und das strikte Verbot, Körperteile aus dem fahrenden Wagen zu halten, soll verhindern, dass sie *en route* verschwinden. Geschwindigkeitsbegrenzungen zwischen 30 und 50 Stundenkilometern werden durch Radarmessungen kontrolliert, und wer einen Reifen wechselt, tut dies auf eigene Gefahr. Über 200 Ranger überwachen die Vorgaben zum Schutz von Mensch und Tier rigide, Regelüberschreitungen haben saftige Bußgelder zur Folge.

Ohm Krugers Erbe im Web

Wie alle südafrikanischen Nationalparks ist der Krüger-Park professionell organisiert: Besucher können bei der Planung auf umfangreiches Material zurückgreifen, das auch im Internet steht. Es fehlt weder an detailliertem Kartenmaterial mit genauen Landschaftsbeschreibungen der unterschiedlichen Parkregionen (Flusslandschaften, raue Steppen, Berg- und Schwemmlandschaften) noch an Informationen über die jeweils dort anzutreffende Tierwelt. Entfernungstabellen und Zeitfenster für Selbstfahrer sichern das rechtzeitige Ankommen an den Gates oder in den Camps vor Einbruch der Dunkelheit. Als eines der schönsten Camps gilt das »Olifants Rest Camp« mit über 100 komfortablen *cottages* oberhalb des Olifants River mit optimalen Tierbeobachtungsmöglichkeiten. Traum-Sonnenuntergänge sind zum obligatorischen *Gin-Tonic-Sundowner* garantiert. Noch näher ans Wildtierparadies schaffen es Krügers Wilderness Trails, von denen es ein gutes Dutzend gibt: In Kleingruppen wird die Wildnis abseits jeder Zivilisation im Schutz bewaffneter Führer durchwandert. Dazu werden Kleingruppen mit Ranger, Koch und Fährtenleser in abgelegene Buschcamps gebracht.

Wie alles begann

Dass es den Krüger-Park überhaupt gibt, ist seinem Namensspender Paul Kruger zu verdanken, der als Präsident der »Suid-Afrikaanse Republiek« schon 1884 vom »Volksraad« verlangte, für die immer stärker abnehmende Zahl an Wildtieren Schutzzonen zu schaffen. 14 Jahre später wurde zwischen dem Crocodile und dem Sabie River auf 4600 Quadratkilometern ein Anfang gemacht. Im Krieg zwischen Engländern und Krugers Buren ging dieser erste Versuch beinahe unter. Nachdem »Ohm« Kruger sich nach dem Sieg der Briten ins schweizerische Exil begeben musste, übernahm der Offizier Major James Stevenson-Hamilton das Kommando über den Tierpark. Gegen marodierende Soldaten, wildernde Schwarze wie Weiße, gierige Bergwerksgesellschaften und landhungrige Großfarmer setzte er sich erfolgreich durch und stellte die Weichen für das, was heute als eines der größten Tierparadiese der Welt gilt.

THE BIG FIVE

Elefant und Nashorn gelten als gutmütig und friedlich, was sich vom Büffel nicht sagen lässt. Einmal richtig gereizt, gehören die Kraftpakete zu den angriffslustigsten Tieren im Busch. Eine der spannendsten *Big-Five*-Geschichten erzählt, wie einmal ein Rudel Löwen von 200 Büffeln auf die Bäume gejagt wurde, auf denen der König der Tiere samt Anhang stundenlang herumsitzen musste, weil die unten nicht daran dachten zu weichen. *The Big Five* (Elefant, Nashorn, Löwe, Leopard und Büffel), bei der Großwildjagd als Trophäentiere die begehrtesten und deshalb so genannt, zählen auf jeden Fall auch heute zu den nachgefragtesten Wildtieren auf jeder Safari.

WEITERE INFORMATIONEN ZUM KRÜGER-PARK

South African National Parks:
www.parks-sa.co.za,
www.limpopo-collection.co.za,
Limpopo Tourism:
www.limpopotourism.org.za

Nahe an der Grenze zu Mosambik versammelt das Konzessionsgebiet von Singita Lebombo ein erstaunliches Wildtiersortiment, weshalb auf der Pirschfahrt das Gewehr immer schussbereit ist. Zwischen der Begegnung mit urwüchsigen Büffeln und dem Rückzug in die edle, klimatisierte Design-Absteige liegen kaum mehr als zehn Minuten.

33 Singita Lebombo & Co.

Geldmaschine: Zweiklassenwildnis im Staatspark

Was anmutet wie eine Lizenz zum Gelddrucken, entpuppt sich als Gebot der Not: Der chronische Mangel an Finanzmitteln des National Parks Board (das die gesamten Einnahmen aller südafrikanischen Nationalparks verwaltet und umverteilt) ließ einen umstrittenen Einfall zur Wirklichkeit werden, gegen den Umweltaktivisten entrüstet Sturm liefen – die Verpachtung staatlicher Naturschutzterritorien an Privatunternehmer.

Die Idee war genial: Es ging darum, auf entlegenen, wenig genutzten Arealen des Krüger-Parks Konzessionsgebiete auszuweisen und als Pachtland auf 20 Jahre an Höchstbietende zu versteigern. Gezündet wurde diese Rakete zur Jahrtausendwende, geradezu symbolhaft für einen Neubeginn. Für eine der insgesamt sieben Wildnis-Enklaven, die Nwanetsi Concession, erhielt die Lodge & Safari-Company Singita den Zuschlag. Woraufhin im Jahr 2003 mit der »Singita Lebombo Lodge« ein Weltklasseprodukt unter dem bekannten Label »Krüger-Park« an den Start ging, deren Gästebuch inzwischen zahlreich VIPs verzeichnet, darunter bekannte Namen wie Thabo Mbeki, Nicolas Cage, Leonardo DiCaprio und Charlize Theron. Zu diesem Zweck wurde hier, mitten in den Lebombo Mountains, im Grenzgebiet zu Mosambik, ein wohltemperierter Weinkeller aus den Felsen gestampft, in dem bis zu 3000 Flaschen ihren Platz finden.

Natürlich auch Moët & Chandon, Dom Perignon, Laurent-Perrier und Billecart-Salmon, um nur einige der französischen Champagnermarken zu nennen. *Wine Tasting* und *Food & Wine-Matching* heißen hier kulinarische Begleitprogramme, und natürlich lassen sich alle Produkte gegen geringen Aufpreis innerhalb von zwei Wochen weltweit an jede Haustür liefern.

Fangfrisch aus Maputo
Wer nicht mit perfekt geschulten Sommeliers über Rebsorten und Jahrgangsklassen diskutieren mag, findet wie selbstverständlich auch original Pilsener Urquell im Tulpenglas vor. Clinton Drake, der Küchenchef aus Kapstadt, versichert, dass es seine Crew mit jedem Stadtrestaurant aufnehmen kann, und das inmitten der Wildnis. Nur wenige Fahrstunden jenseits der Grenze zu Mosambik wartet die Hafenstadt Maputo mit fangfrischem Fisch sowie Meeres-

Wildnis-Refugium zum stilvollen Ausspannen: Art & Shopping in den Boutiquen der Lodge (oben), Singita Lebombos Design-Domizile von außen (Mitte) sowie Lounge/Bar (unten). Zahlreich versammeln sich Löwen auf dem Singita-Areal, was jeden Game Drive zu einem aufregenden Erlebnis macht.

früchten aller Art auf. Nur 20 Minuten von der Lodge entfernt liegt die Satara-Landebahn, falls mal wichtige Zutaten fehlen sollten, und ansonsten fahren die Trucks der Spediteure über das ausgezeichnete Straßensystem bis vor den Liefereingang des Krüger-Parks, wo Frischware in Kühlhäusern und Gefriertruhen verschwindet.

Wohnträume im Busch

Das Lebombo-Camp thront mit offenem Restaurant, opulentem Pool und einer gewaltigen Lounge-Halle auf einem Bergrücken und offeriert Design pur: Glas, Stahlrahmen und kostbare Naturhölzer sind die sichtbaren Trägermaterialien, die als skulpturelle Eingriffe gewagt im Buschland stehen, und als Skulptur begreifen sich auch formgebende Wandsätze, runde Ecken und beinahe alle darin versammelten Interieurs. Die gleiche Handschrift tragen die ultramodernen Glaskästen der 15 Chalets, die mit Blick auf den Nwanetsi River und den Sweni River aus der dichten Vegetation eines Berghanges ragen. Wer Kobras, Giftspinnen, Paviane und die Schwarze Mamba nicht fürchtet, kann sich des nachts der Klimaanlage entziehen, um auf der hölzernen Veranda zu schlafen –, wo das Bett zur Nachtruhe mit dem besonderen Kick vorsorglich und aufs Feinste allabendlich bereitet ist, Taschenlampe und Druckluftnotsignal für alle Fälle in greifbarer Nähe. Auch das Telefon steht nicht weit (die Rezeption ist durchgehend besetzt), und wer vom ganz großen Abenteuer lieber die Finger lässt, wird doch wohl die romantische Außendusche nutzen. Wenngleich auch die wenig Platz lässt zwischen dem

Brausekopf und der wilden Tierwelt da draußen, die sich ohne Abzäunung auf Lebombos 15 000 Hektar großem Pachtareal (doppelt so groß wie die Nordseeinsel Föhr) tummelt. Elefanten, Nashörner, Büffel, Nilpferde, Krokodile, Giraffen, Horden von Affen und vielköpfige Löwenfamilien gehören dazu. Das alles erscheint beinahe spielerisch und fußt doch auf einer beinharten Realität. In erster Linie auf strikten Schutzvorschriften des Krüger-Parks. Strenge Auflagen regeln Bautätigkeit, Wasserverbrauch, Personal- und Gästemengen, Zuliefererbewegungen sowie den involvierten Naturschutz. Das gesamte Projekt ist auf Stelzen gesetzt nach der Leitlinie *touching the earth lightly*, was bedeutet, Lebombo könnte in kürzester Zeit demontiert werden, ohne dass Narben in der Wildnis zurückbleiben. Bis auf die 30 Bohrlöcher vielleicht, die für die Wassersuche nötig waren. Nur drei davon sind produktiv, liegen acht Kilometer entfernt, weshalb das Wasser aufwendig in Tanks gesammelt und aufbereitet werden muss. Natürlich ist auch der anfallende Abfall inklusive Mülltrennung ein Thema, was die Parkverwaltung mit Argusaugen überwacht. Sukzessive werden die Dieselgeneratoren ökologisch korrekt Sonnenkollektoren weichen.

Community first

Strenge Auflagen gibt es für das Personal, das gewerkschaftlich organisiert ist und exakt acht Stunden arbeitet: Sechs Wochen lang jeden Tag, dann folgen zwei Wochen Auszeit. 95 Prozent der rund 180 Angestellten müssen aus den einheimischen *communities* stammen,

die vor den Parkgrenzen siedeln. Eine Herausforderung nicht nur für jene, die von dort aus den Sprung in die Welt des Luxustourismus wagen, sondern auch für die Gastronomie selbst: Viele der Lebombo-Beschäftigten kamen zum ersten Mal mit einer modernen Arbeitswelt in Berührung, sprachen vorher kein Englisch und wiesen eine nur geringe Vorbildung auf. Damit das Zusammenleben mit dem Mahlamba-Ndlovu-Forum (in dem sich 33 Gemeinden mit insgesamt 100 000 Einwohnern organisieren) funktioniert, ist die Lodge mit Hilfsdiensten für die Siedlungen befasst. Dazu gehören Brunnenbau und Wasserpumpen, Unterstützung bei der Gründung von Kleinunternehmen (die von der Lodge später ihre Aufträge erhalten), Hilfe in den Bereichen Schule, Krankenversorgung und Ausbildung. In 20 Jahren müssen sich die gewaltigen Investitionen der Singita-Eigner amortisiert haben. Denn dann läuft der Pachtvertrag aus, und eine neuerliche Versteigerung steht an. Wieder in der Form von Angeboten im verschlossenen Umschlag, das heißt ohne Wissen, wie hoch die Konkurrenz bietet. Und im Bewusstsein, dass Singita sein Camp Lebombo nicht demontierten darf, auch wenn dies ein Kinderspiel wäre. Denn auch die Besitzrechte an allen Gebäuden und Aufbauten laufen mit dem Konzessionsvertrag ab. Wer also mit dem einfallsreichen Deal die Lizenz zum Gelddrucken erworben hat, wird sich erst nach langer Zeit tatsächlich erweisen. Ob die Bleistifte der staatlichen Bürokraten spitzer waren als jene der privaten Investoren, kann den Lodge-Gästen der sieben Konzessionsgebiete egal sein: Ihre Safari-Landrover sind mit den Wildtieren des Krüger-Parks unter sich, und das in den feinsten Arealen, die Ohm Kruger einst unter Schutz stellen ließ.

GEFÄHRLICHE KRATZBÜRSTEN: GROSSKATZEN

Wildtiere sind unberechenbar und können jederzeit angreifen. Wenn Löwen das tun, spurten sie 50 Stundenkilometer schnell und springen 12 Meter weit. Bis auf drei Meter Körperlänge wachsen die Riesenkatzen sich aus. Während Löwen, obgleich Nachtjäger wie Leoparden, auch tagsüber in ihren vor sich hindösenden Rudeln leicht auszumachen sind, gilt die gefleckte Raubkatze als seltener Fund: Die Einzelgängerin ist bei Helligkeit wie vom Erdboden verschluckt, weil sie todsicher in einer Baumkrone oder einer Höhle ihren Schönheitsschlaf hält. Die schnellsten Jäger, die Geparden, sind vom Aussterben bedroht, weshalb Zuchtstationen versuchen, den Bestand der bis zu 100 Stundenkilometer schnellen, eleganten Raubkatze zu sichern (www.wildlifecentre.co.za, www.dewildt.org.za).

WEITERE INFORMATIONEN ZU SINGITA

Singita Lebombo sowie die benachbarte noch kleinere Singita Sweni Lodge: www.singita.com, weitere private Luxuslodges im Krügerpark: www.parks-sa.co.za/tourism/accommodation/concessions.php

Der Star unter den Highlights Mpuma-
langas zeigt sich im großen Bild in voller
Pracht: Blyde River Canyon & Three Rondavels. Neben diesen grandiosen Aus-
wüchsen der Natur warten nicht nur
Geparden (oben) gespannt auf Besucher,
sondern auch pinselsichere Ndebele-
Artistinnen, die ihre Kunst-Produkte spielerisch an den Mann bringen.

Mpumalanga

Gemütlichkeit wie in Omas Wohnzimmer genießen die Gäste des historischen Farmhauses »Kirkman's Homestead«, das zur »Kirkman's Lodge« im Sabi Sand Reserve gehört (oben). Ein wenig Luxus kann nach dem Game Drive nicht schaden: Kirkman's Kamp mit opulentem Pool, exzeptionellem Service und geschmackvollem Ambiente.

34 Wettstreit der Edelherbergen

Luxus pur im Sabi-Sand-Reservat

Seit jeher haben sich in ganz Südafrika neben den staatlichen Nationalparks zahlreiche private Wildparks mit etwa 200 Lodges und Wildlife-Camps etabliert. Die bekanntesten dieser Schutzgebiete liegen im Lowveld, westlich des Krüger-Parks. Zäune gibt es keine zwischen Krüger-Park und den privaten Gebieten, was garantiert, dass die Qualität der Wildtiere die gleiche ist. Die Klientel allerdings nicht. Nur wer sich Exklusivität leisten kann, ist in den Lodges der Private Game Reserves am richtigen Platz.

Zum Luxus der Privaten zählt nicht nur die spektakuläre Art der Unterbringung, die dem Jenseits-von-Afrika-Klischee aus Film und Roman entspricht. Aufgrund begrenzter Gästezahlen und individueller Gestaltung wird der Kontakt mit der Wildnis auf Exklusivbasis ganz besonders eindrucksvoll. Hervorragend ausgebildete Wildlife-Ranger geben einen fundierten Einblick in die Welt der Wildtiere, meist ist ein Fährtenleser mit von der Partie, auf jeden Fall ein gekühltes Büffet zum Sonnenuntergang, und selbstverständlich sind alle Fahrzeuge über Funk vernetzt, sodass in kürzester Zeit sehr viele Tierarten zu sehen sind. Spezialität der Privaten sind *night game drives*, also Nachtsafaris, die in staatlichen Parks in der Regel nicht durchgeführt werden dürfen. Die abendlichen Ausfahrten im exotischen Dunkel der Savanne treffen meist exakt den Geschmack ihrer Teilnehmer: Raub-

katzen lassen sich dann bei der Jagd auf Gnus, Antilopen und Zebras besonders gut beobachten.

Nicht zum Spaß: die Jagd

Unter Einsatz von Scheinwerfern lässt sich mit ansehen, wie sich Löwinnen ihr potenzielles Opfer in einer Gnu-Herde ausgucken, den Angriff taktisch anlegen und durchsetzen, bis eine der Großkatzen das Finale ausführt und das Huftier ruhig und gelassen an der Kehle gepackt hält, bis ihm der Sauerstoff ausgeht. Derweil wartet der mähnige König der Wildnis im Hintergrund entspannt auf seinen Einsatz. Wenn sich die Staubwolken des Angriffs gelegt haben, werden seine Katzen den aufdampfenden Leib des Opfers in fressbare Stücke zerreißen, dem Patriarchen vorher aber unterwürfig den Vortritt lassen. Wobei sich die Raubtiere nicht im Geringsten bei ihrer Fressparty stören lassen, selbst

Animal	✓		
LION		55	
MONGOOSE BANDED		20	
MONGOOSE DWARF		20	
MONGOOSE SLENDER		20	
MONGOOSE WHITE TAILED		20	20
MONKEY	✓	5	5
NYALA	✓	25	
OSTRICH		100	
PORCUPINE		50	
RHINO BLACK		200	
RHINO WHITE	✓	50	50
SABLE		200	
SERVAL		50	
SQUIRREL	✓	10	10
STEENBOK	✓	20	20
WARTHOG	✓	10	10
WATERBUCK	✓	15	15
WILDEBEEST	✓	10	
ZEBRA	✓	15	15
THE KILL		200	

Stunden vergehen auf einem Game Drive wie Minuten, so aufregend ist das Sichten der wilden Genossen im Busch. Auf dem Game Viewing Board schießen an diesem Tag die Rhinozerosse aus der Breitmaulgattung den Vogel ab.

dann nicht, wenn eine Handvoll Fahrzeuge auf Wagenlänge um sie herumstehen. Die Privaten mit den berühmtesten Namen (Sabi Sabi, Londolozi, Singita und Mala Mala) liegen im weitläufigen Sabi Sand Game Reserve, in dem sich eine ganze Reihe kleiner Schutzgebiete mit ihren Lodges befindet. Die treten im ausgefallensten Ambiente gegeneinander an und lassen kaum Wünsche offen. Londolozi zum Beispiel bietet neben seinem Haupthaus mehrere kleine Camps, wobei Wohnträume im klassischen Safaristil und romantische Abendessen im Kerzenschein unter funkelnden Sternen des glasklaren Savannenhimmels so selbstverständlich sind wie Aircondition und private Mini-Pools. Konkurrenz macht erfinderisch, weshalb sich Sabi Sabi eine unterirdische *Earth Lodge* zugelegt hat, was sie mit Mala Mala und Singita darum wetteifern lässt, welche der drei zu den besten Game Lodges Afrikas gehört. Natürlich beschäftigen derartige Unternehmen eine Menge Personal, und das wiederum kommt der einheimischen Bevölkerung vor den Parktoren zugute.

Hippo im Pool

Sogar ein *nightmanager* ist präsent, falls nachts mal ein Nashorn durchs Zimmer läuft. Ganz abwegig ist das nicht. Die Belegschaft der noblen Inyati-Lodge mag sich erinnern, wie einmal ein drei Tonnen schweres Nilpferd dem Sabie River entstieg, gemütlich über die grüne Wiese zum Haus heraufschlenderte, grunzend das sorgsam aufgebaute Luxusbüffet mit dem Hintern zum Einsturz brachte, um sich dann zum Entsetzen der herausgeputzten Dinnergäste im

Swimming-Pool zu versenken. Das Hippo saß nun mit wenig Wasser auf dem Grund des gekachelten Betonbeckens fest, und es dauerte eine Weile, bis ein Kranwagen in die Wildnis kam, um es aus seiner misslichen Lage zu befreien. Die Atmosphäre luxuriöser Wildlife-Lodges hat ihren Preis. Der beginnt in der gehobenen Güteklasse bei 800 Euro pro Tag, wobei sich dieser je nach Ausstattung und Saison auch noch wesentlich weiter oben einpendeln kann. Dafür spielen Interieur und Architektur mit ausgefallenem Design, bildschönen Naturmaterialien, strohgedeckten Runddächern, versetzten Wohnebenen und Panoramascheiben, die den Blick vom Bett oder Kaminplatz auf den Sabie River und die weiten Savannen von Sabi Sands freigeben. Meist stellen die Inneneinrichtungen handverlesene Schätze afrikanischer Wohnkultur aus, während die Lodges draußen so optimal an die Umgebung angepasst sind, dass sie kaum in Erscheinung treten. Dem Einfallsreichtum privater Betreiber sind keine Grenzen gesetzt, wenn es darum geht, zahlungskräftigen Gästen ihr Afrika-Gefühl auf höchstem Niveau zu verschaffen. Wie die ausgefallene *Earth Lodge* von Sabi Sabi beweist: Ihre *Earth-shelter*-Architektur lugt unauffällig aus einer Hügelgruppe hervor: Natürliche, organische Baustoffe sowie bepflanzte Dächer halten sie perfekt *underground*. Durch getarnte Sichtfenster lässt es sich auf gut frequentierte Wasserlöcher blicken, sodass Elefanten, Büffel, Giraffen und andere Wildtiere wie auf einer Filmleinwand ihr Dschungelbuch spielen. An die 200 Mitarbeiter sorgen dafür, dass es den Gästen im

luxuriösen Untergrund an nichts fehlt. Wem zwischen Tierbeobachtung, Safaris und opulenten Gourmet-Genüssen noch Zeit bleibt, kann sich im angeschlossenen Wellness-Paradies nicht nur meditativ Entspannung verschaffen.

Zu Fuß durch die Wildnis

Neben nächtlichen Wildbeobachtungen sind sogenannte *trekker trails* oder *bush trails* die besondere Spezialität der Privaten. Diese Safaris zu Fuß werden inzwischen so stark nachgefragt, dass sie als *wilderness trails* auch vom Krüger-Park erfolgreich angeboten werden. Zu Recht, denn dabei kommt die Wildnis, egal ob staatlich oder privat, auf sehr leisen Pfoten daher: Zu Fuß geht es hautnah bis an die Wildtiere heran, weshalb Ranger und Fährtenleser bewaffnet sind, denn aus dem Nichts können sie auftauchen, jederzeit, riesige Elefantenherden, gefährliche Büffelkolosse, Giraffen, Leoparden und Löwen. Es ist ein prickelndes Gefühl, weder Zaun noch den Schutz eines Autos zwischen sich und der Wildnis zu haben. Was verstärkt zu Safari-Abenteuern der besonderen Art

führen kann, zum Beispiel diesem: Eine Gruppe bewegt sich vorsichtig im Gänsemarsch hinter dem Ranger. Nummer drei tritt auf einen Zweig, der laut knackend zerbricht. In gleicher Sekunde taucht aus der verbuschten Unterwelt der wahrhaftige Teufel auf in Form eines Rhinozerosses, dessen Kalb im Halbkreis davonstiebt. Die Mutter hastet wild schnaubend hinter ihm her. Reflexartig gehen Kameras auf Zielsuche, sinken aber gleich wieder, als sich im Sucher abbildet, wie das Kleine abrupt stoppt, sich blitzschnell entscheidet, mit einem Haken zu drehen und dann geradewegs auf den entsetzten Safaritrupp zuzurennen, seinen mütterlichen Aufpasser, nun vollends außer Rand und Band, dicht hinter sich.

Obwohl der Ranger der Gruppe eingeschärft hatte, in jedem Fall immer dicht zusammenzubleiben, machen sich nun ihre Mitglieder panisch in alle Richtungen davon, während Mutter und Kind mitten durch die gerade frei gewordene Lücke hindurchgaloppieren und weiter, Gott sei's gelobt, geradeaus in die freie Savanne.

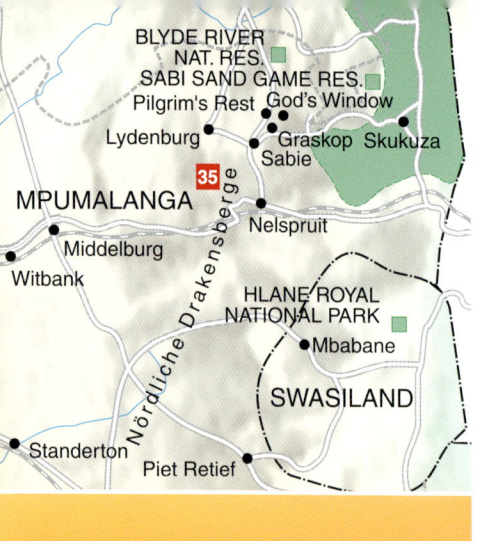

35 Nördliche Drakensberge und God's Window

Auf der Panorama-Route gerät die Seele in Schwingung

Abrupt bricht in der Nordprovinz Mpumalanga das Highveld-Plateau zum Lowveld ab. Ziemlich beeindruckend ist es, von den Transvaaler Drakensbergen auf die 1000 Meter tiefer liegende subtropische Ebene hinunterzublicken, die sich in unendlicher Weite bis nach Mosambik zieht. Mit tiefen von Flussläufen eingefrästen Gräben geht der Bruch dieser Randstufe einher, mit Naturschauspielen beinahe senkrechter Felswände und großartiger Wasserfälle, kurzum, einem Landschaftsszenario allererster Güte.

Dramatische Geologie: Bourke's Luck Potholes im Blyde River Canyon Nature Reserve. Die bizarren zylindrischen Felslöcher (unten) entstanden durch den reißerischen Zusammenfluss des Blyde River und des Treur River. Nach dem Einlass beim Besucher- und Informationszentrum eröffnen sich tatsächlich außerordentliche Perspektiven.

Liebhaber großartiger Panorama-Ausblicke kommen auf einer einzigen Straße, die die Landschaftsdramatik zwischen den niedlichen Ortschaften Sabie, Graskop und Pilgrim's Rest durchschneidet, blitzschnell auf Hochtouren. Und diese Strecke heißt natürlich Panorama-Route. Pilgrim's Rest steht für den legendären Goldrausch in der Region, weil es die älteste Goldgräbersiedlung Südafrikas ist. Heute lockt seine pittoreske Kulisse mit Relikten aus der alten Zeit zahlreich Touristen an. Beim anheimelnd hübschen Forststädtchen Sabie, das auf 1100 Meter am Fuß des 2286 Meter hohen Mount Anderson liegt, entspringt der Sabie River, der im benachbarten Krügerpark Hunderttausenden Wildtieren als Tränke dient. Das Paul Kruger Gate, einer der Zugänge des Parks, sowie das Sabi Sand Private Game

Reserve sind nur 50 Kilometer entfernt. Was auch ein Grund dafür ist, weshalb das 12 000-Einwohner-Städtchen eine ausgezeichnete touristische Infrastruktur für Besucher bereithält.

Paradies für Adrenalinsport

Selbstfahrern dient Sabie als Ausgangspunkt zu Tagessafaris im Krüger-Park sowie als Übernachtungsbasis zu den Attraktionen der näheren Umgebung: Forellenfischer wissen das kühle Klima und den phantastischen Fischbestand zu schätzen, Wanderer die ausgedehnten Pinien- und Eukalyptuswälder, Outdoor-Aktivisten Reiten, Bungee-Springen, Heißluftballonfahren, Mountainbiken und Wildwasser-Rafting. Jenseits des malerischen Bergorts Graskop (1490 m hoch) windet sich die R 523 rasch dem berühmten Blyde River Canyon zu und

eröffnet mit God's Window gleich zu Beginn schon die unglaublichsten Landschaftsszenarien, deren Stationsnamen schon vorher Lust auf die kurvige Reise machen. Zahlreich schicken hier Wasserfälle ihre rauschenden Kaskaden bis zu 70 Meter in die Tiefe und bilden mit den Sabie Falls, Bridal Veil Falls, Forest Falls, Lone Creek Falls, Horseshoe Falls, Mac-Mac Falls, den Lisbon Falls, den Berlin Falls und den London Falls gewissermaßen gleich noch die Wasserfall-Route.

Schöne Aussichten

Nach God's Window und dem berauschenden Blick über das Lowveld tief unten wartet die nächste Sensation mit The Pinnacle, einer massiven Felssäule, die singulär aus den Schluchten herausragt. Noch beeindruckender sind die nachfolgenden Gesteinsformationen von Bourke's Luck Potholes, deren kuriose Krater ausgewaschene zylindrische Strudellöcher im felsigen Untergrund sind, vor Jahrmillionen durch Erosion reißender Strömungen entstanden. Ein Rundweg führt über Brücken, die die Schluchten der Flüsse Treur River und Blyde River miteinander verbinden. Benannt wurde das Naturphänomen nach Tom Bourke, der hier im Jahre 1870 seinen Goldfund machte. Wie Bourke's Luck Potholes sind auch die gewaltigen Steinzylinder der Three Rondavels gut besucht, die spektakulär über der 700 Meter tiefen Schlucht des Blyde River thronen. Die Felsformationen, die als fotogenes Motiv auf keiner Blyde River Canyon-Broschüre fehlen, ähneln afrikanischen Rundhütten und tragen deshalb ihren merkwürdigen Namen.

Vom Aussichtspunkt geht der Blick über ein Märchenland, dort, wo der Blyde River eine enge Schleife zieht und seine Wassermassen glitzernd zu Tal bringt. In den umliegenden Berghöhlen ist der Leopard zu Hause. Paviane, Antilopen und Perlhühner stehen auf seinem Speiseplan. In Vorsprüngen der Felswände nistet, hundertprozentig sicher, der Schwarze Adler, der in seinen weiten thermischen Segeltouren den Canyon nach Kleintieren absucht.

Dicke Brocken

In der gesamten Region sind beachtliche Bergriesen beheimatet: Im Süden stehen Spitzkop (1984 m), Madunusa (2053 m) und Mount Carmel (1271 m), mittendrin The Peak (2231 m), im Norden der Marepeskop 1944 m). Die Namen der Zufahrten, die in dieses Berg-Naturspektakel hineinführen, sprechen für sich: Caspersnek Pass, Robbers-Pass, Abel-Erasmus-Pass und so fort. Mit ihren kunstvollen Serpentinen ringen sie dem südafrikanischen Straßenbau eine ordentliche Portion an Bewunderung ab. Eine der schönsten Verbindungen findet über den Long Tom Pass statt, der als Hauptverbindungsstraße von Lydenburg nach Sabie führt und eine Passhöhe von 2150 Metern erreicht. Seine kuriose Bezeichnung leitet sich von den schweren burischen Geschützen ab, die während der Burenkriege bei Devil's Knukkles auf die angreifenden Briten warteten. In den rötlichen Gesteinsschluchten des 30 Kilometer langen Blyde River Canyon, in dem der strudelnde Blyde River rauscht und dabei viele 100 Meter an Höhe verliert, mag zu Goldgräberzeiten mancher Despera-

Zeit sollte man mitbringen, um all die Attraktionen des Blyde-River-Canyon-Spektakels zu sehen, wie die Lisbon Falls (rechts) oder die Berlin Falls beispielsweise. Und natürlich »God's Window«, von prächtigen Aloen gerahmt (oben). Wanderfreunde werden von den Naturbildern bei Graskop garantiert nicht mehr fortwollen (rechts unten).

do sein Glück in Form von blitzenden Nuggets gesucht haben. Aber nur wenig ist davon überliefert. Und so stehen Besucher manchmal stumm und ergriffen vor den Gräbern des historischen Friedhofs in Pilgrim's Rest und studieren die wenigen Inschriften, die noch zu entziffern sind. Bei all dem lässt sich erahnen, dass eine derartige Idylle nicht exklusiv zu haben ist.

Die Panorama-Route ist voll erschlossen und an den Rundreisetourismus gekoppelt, was vor allem auf den Parkplätzen deutlich wird, die nahe der schönsten Aussichtspunkte liegen und auch von Bussen ohne Schwierigkeiten zu erreichen sind.

Tierisch gut auf zwei Rädern

Der rege Besichtigungsverkehr bringt Scharen von Souvenirverkäufern auf die Beine, die *handicrafts* wie Trommeln und Masken, geschnitzte Giraffen, Nashörner und Elefanten sowie Masken, Stoffe und Schmuck aller Art anbieten. Wer Anspruch auf exklusiven Genuss erhebt, sollte seine Reisezeit mit Bedacht wählen und vor allem Ferienzeiten und Wochenenden meiden. Zuweilen werden dann die engen Kurven der Panorama-Route zu Rennstrecken von südafrikanischen Motorrad-Clubs, deren Mitglieder auf schweren Maschinen rudelweise ihren Geschwindigkeitskick suchen.

Ruhesuchenden Naturliebhabern ist das Wandern abseits der Rundreiserouten zu empfehlen: Auf den abgelegenen Wegen entfaltet sich das zerklüftete Bergparadies statisch still und in voller Schönheit. Organisiert ist das Blyde River Canyon Nature Reserve in drei Tagen zu durchwandern, beispielsweise auf dem Blyderivierspoort Hiking Trail mit Übernachtungen in rustikalen Unterkünften zwischen Paradise Camp und der Old Mine Hut. Da werden am Lagerfeuer die alten Zeiten der Pioniere und des Goldrausches wieder lebendig.

DIE SCHÖNSTEN DRAKENSBERG-NÄCHTE ...

verbringt man in Pilgrim' Rest im »Royal Hotel«, im Forststädtchen Sabie im »Sabie Townhouse« oder in der »Lone Creek River Lodge« direkt am Sabie River. Graskop wartet mit seinem gemütlichen »Graskop Hotel« auf. In Hazyview, zwischen Drakensbergen und Krüger-Park gelegen, hält sich mit dem »Rissington Inn« eine geschmackvoll gestaltete Country Lodge auf einem grandiosen Parkareal versteckt.

Websites:

www.pilgrimsrest.org.za/royal.htm,

www.sabietownhouse.co.za,

www.lonecreek.co.za,

www.rissington.co.za,

www.graskophotel.co.za

WEITERE INFORMATIONEN ZU DEN DRAKENSBERGEN

Mpumalanga Tourism:

www.mpumalanga.com

Sabie Tourist Information:

www.sabie.co.za

Pilgrim's Rest Tourist Information:

www.pilgrimsrest.org.za

Graskop Tourism: www.graskop.co.za

Info in Deutschland: Spezialveranstalter www.abendsonneafrika.de, mit Anschlusstouren zum Krüger-Park und/oder Swasiland.

36 Robber's Grave und Pilgrim's Rest

Am Pilgrim's Creek wird der Goldrausch wieder lebendig

Noch 13 Jahre sollte es dauern, bis Johannesburg seine Goldadern entdeckte, als 1873 ein Pionier von altem Schrot und Korn abseits aller Pfade in einem zerklüfteten, abgelegenen Gebirgsgebiet mit seiner Schubkarre umherirrte und am Pilgrim's Creek fündig wurde: Allec Patterson sah glitzernde Goldklumpen im glasklaren Wasser des Bächleins, an dem er freudig erregt geseufzt haben soll: »Now the pilgrim can rest!«

Eine lauschige Idylle stellt das alte Goldgräberstädtchen für Besucher dar, die zahlreich kommen, um sich betören zu lassen durch die liebevollen Insignien längst vergangener Zeiten. Und durch reichlich vertretene Souvenirverkäufer, die auf ihre Chance warten. Genau wie der Barmann hinter dem Tresen im »Royal Hotel«.

Seit 1848 war in Kalifornien der größte Goldrausch aller Zeiten im Gange: Oregon, Nevada und South Dakota folgten wenige Jahre später, was die Hoffnung armer Teufel nährte, auch im Süden Afrikas könnte sich das ganz große Glück einstellen. Erst recht, nachdem Gerüchte über den ersten Diamantenfund bei Kimberley (1866) die Runde gemacht hatten. Es dauerte nicht lange, bevor die Kunde von Allec Pattersons Entdeckung durchs Land ging und Goldschürfer von überallher in Scharen anrückten. Rasant entwickelte sich die winzige Goldgräbersiedlung Pilgrim's Rest zum boomenden Eldorado. Schnell wurden große Minengesellschaften aufmerksam, zumal die Vorkommen als Oberflächengold kostengünstig abzubauen waren. Ab 1895 kaufte die Transvaal Gold Mining Estate Ltd. zahlreiche Claims von mühsam schuftenden *diggern* auf, sodass ihr bald der ganze Ort samt Wellblechbaracken und hübscher

Siedlerhäuser gehörte. Hilfskräfte mussten her zum Abbau der Vorkommen in großem Stil, und so entwickelte sich Pilgrim's Rest schnell zu einem quirligen Arbeiterstädtchen.

Lebendige Vergangenheit

Bis 1971 florierten die Geschäfte nicht allzu schlecht. Als kein Gold mehr zu finden war, veräußerte die Firma das historisch interessante Örtchen komplett an die südafrikanische Regierung, die es restaurieren und zum Freilichtmuseum herrichten ließ. Was einen neuen Boom in Gang setzte. Heute leben in diesem putzigen Miniaturstädtchen ein paar Hundert Einwohner vom historischen Nimbus dieses Kleinods, das inzwischen zum Nationaldenkmal erklärt wurde und jährlich eine große Zahl von Touristen anzieht. Prachtstück ist Alanglade, das herrschaftliche Wohnhaus des Direktors der Transvaal Gold Mining Estate Ltd., wenige Kilometer vom Ortskern ent-

fernt. Als zeitgeschichtliches Museum zeigt das Gebäude typisches Interieur aus der Goldgräberzeit zwischen 1900 und 1930 und wirkt so authentisch, als wären seine Bewohner noch hier zu Hause. Tatsächlich zu erleben ist das Ambiente von einst im viktorianischen Holzbau des »Royal Hotels«. Wem die Zeit für eine Übernachtung nicht bleibt, der sollte sich einen Drink an der »Church Bar« genehmigen, wo sich am Tresen die alten Pionier- und Goldgräberzeiten sehr angenehm herbeiträumen lassen. Ohne Bar funktioniert das auf einer historischen Besichtigungstour. Vielleicht im Miner's House, das ein typisches Beispiel der Wohnquartiere ausstellt, oder im Old Print House, dem Verlagshaus der Lokalzeitungen *Gold News*, *Pilgrim's Rest News* und *Sabie News*. Außer den Druckmaschinen sind hier noch einige interessante Titelseiten von einst zu bestaunen. Im Dredzen Shop, dem Einkaufsladen des Minenstädtchens, gingen früher dringend benötigte Kolonialwaren über die Ladentheke, vor allem Lebensmittel, Whisky, Werkzeuge und Haushaltswaren wie Seife und Zahnbürsten. Die Bestseller allerdings dürften Sieb und Schaufel

gewesen sein für all jene, die herkamen, um ihr Glück zu machen.

Kurzer Prozess

Das können Besucher beim Goldwaschen am Pilgrim's Creek heute auch noch versuchen. Hilfreich wäre vorher eine Führung im Diggings Museum, um dort das sachgerechte Schwenken der Goldpfanne zu erlernen. Ein Traum für Oldtimerfans ist die alte Autowerkstatt eines gewissen Paul P. Ahlers, die liebevoll wieder hergerichtet wurde und heute wahre Schmuckstücke ausstellt. Wer es schafft, abseits der Besucherströme auf den alten Friedhof zu gelangen, wird eine seltsame Stimmung verspüren beim Anblick der Grabstätten von Goldgräbern, Minenangestellten und Händlern, die in längst vergangenen Zeiten aus aller Welt hierher, nach Pilgrim's Rest, kamen. Und die nun dem Namen ihres Goldgräberstädtchens im Sinne des Erfinders auf alle Zeit gerecht werden. Auch deutsche Grabsteininschriften sind noch zu entziffern. Gut lesbar ist die eines Norbert Grave, der beim Stehlen erwischt und erschossen wurde. Zur Erinnerung trägt seine Grabstelle die Bezeichnung »Robber's Grave«.

UND NOCH MEHR ADRENALIN

Was für die frühen Pioniere der mühsame Alltag war (Klettern, Abseilen, Reiten, Wandern, Wildwasser) suchen sportliche Abenteurer heute als Freizeitvergnügen – und werden in Südafrikas bizarrer Natur fast überall fündig. Landesweit bieten zahlreiche Adrenalin-Veranstalter Extremsportarten an: Klettern, Bungee und Swings, Fallschirmspringen, Abseiling, Mountainbiking, Drachenfliegen, mit Motorrad-Beiwagengespann durch den Busch – auf der Menükarte der südafrikanischen Abenteuer-Gourmets gibt es nichts, was es nicht gibt! Groß und verrückt ist das Angebot zwischen Panoramaroute und Hazyview an der Grenze zum Krüger-Park.
Websites: www.safarisdirect.co.za, www.cruisecapades.co.za, www.skywaytrails.com, www.sabieriver.co.za, www.balloonsoverafrica.co.za

WEITERE INFORMATIONEN ZU PILGRIM'S REST

Mpumalanga Tourism:
www.mpumalanga.com

37 Ndebele – Kunst am Bau

Die berühmten Artistinnen und ihre geometrischen Muster

Das Design der Ndebele ist unverkennbar. Als wandelnde Grazien der Vermarktung desselben stehen die weiblichen Vertreter der Volksgruppe sehr fotogen im Rampenlicht: Ihre frisch gestylten Ornamente sind Markenzeichen und werden sofort mit ihnen in Verbindung gebracht. Ursprünglich diente ihre Kunst auf Kleidung und in Form von Körperschmuck (wie beispielsweise Messingringe um Hals und Waden) dazu, spezifische Bildbotschaften zu versenden. Heute sind Ndebele-Bildmotive weltweit bekannt und diese Kunst-Art erzielt internationale Preise.

Natürlich zeigt die Provinz Mpumalanga, die sich zwischen Johannesburg, dem Krüger-Park und Lesotho ausbreitet, nicht nur ihre grandiosen Naturschauspiele, sondern sehr gerne auch ihre Frauen. Speziell die des Stammes der Ndebele, die es mit ihrem Schmuckdesign zu Weltruhm gebracht haben. Wobei es mancher von ihnen befremdlich erscheinen mag, was der ganze Trubel um ihre Kunstfertigkeit eigentlich soll. Denn ganz normal sind doch eigentlich ihre stammestypischen Verzierungen, die die Farben des Lebens tragen und die althergebrachten Symbole ihrer Kultur. Diese geht vermutlich auf einen Zeitraum zwischen dem 15. und 17. Jahrhundert zurück, als die Vorfahren der Ndebele aus der Natal-Region in die Gegend östlich von Johannesburg einwanderten. Trotz der Dominanz durch Kolonialherrschaft und benachbarte kriegerische Zulus konnten

sich die Ndebele bis heute eine eigene Identität erhalten.

Feminin: die Kunst

Obwohl patriarchalische Stammesstrukturen vorherrschen, sind es ausschließlich die Frauen, die für Handwerk, Schmuck und Kunst zuständig sind und damit auch für die Präsentation der Ndebele-Kultur in der Öffentlichkeit. Zu traditionellen Anlässen zeigen sie beeindruckenden Hals- und Wadenschmuck aus Messingringen und bunte Perlenarbeiten, wobei derlei Anblicke immer seltener »in freier Wildbahn« stattfinden. Für interessierte Besucher empfiehlt sich deshalb, eines der Ndebele-Museumsdörfer zu besuchen. Vielleicht praktischerweise das in Botshabelo bei Middelburg, weil es auf der Strecke zwischen Johannesburg und dem Krüger-Park liegt. Die ehemalige Niederlassung der Berliner Missionsgesellschaft,

Das Volk der Ndebele umfasst über eine halbe Million Menschen, und nicht wenige von ihnen haben es zu Berühmtheiten in der Kunstszene gebracht; überall ist in Mpumalanga die farben- und musterfrohe Produktpalette der Ndebele-Frauen ausgestellt. Die vermarkten ihr traditionelles Outfit gleich mit, wie hier im Museumsdorf Botshabelo.

die 1865 von den deutschen Missionaren Heinrich Grützner und Alexander Merensky gegründet wurde, beherbergt heute eine der schönsten Ndebele-Schausiedlungen mit herrlichen Exponaten kunstvoll bemalter Häuserwände. Unter anderem sind auch die Entwicklungsphasen der Ndebele-Baustile von der einfachen Rundhütte bis zu den heutigen rechteckigen Grundrissen dokumentiert. Früher trugen die Traditionskünstlerinnen ihre Geometrie der leuchtenden Farbmuster virtuos mit den Fingern oder mittels Hühnerfedern auf. Aber natürlich hat die Moderne längst Einzug gehalten: Da, wo einst ausschließlich natürliche, pulverisierte Erdsubstanzen zur Herstellung von Farben verarbeitet wurden, finden heute industriell gefertigte Kunstprodukte Verwendung, die von ganz gewöhnlichen Pinseln in Form gebracht werden. Nicht nur die Malkunst, sondern auch prächtige Perlenarbeiten sind ein Teil der Ndebele-Kultur und werden von Sammlern und Kunstliebhabern geschätzt. Überall sind die typischen Ndebele-Perlenpuppen, Halsketten und Armbänder auf Flohmärkten und an Straßenständen im Angebot, aber auch in letzter Minute sind sie in den Duty-Free-Shops der Flughäfen zu bekommen.

Graffiti für Bayern

International hat sich das Markenzeichen der Ndebele durch große Erfolge in der Kunst- und Designbranche bekannt gemacht; kein Bildband, kein Reiseführer, keine Werbebroschüre kommt ohne die fotogenen Ndebele-Zutaten aus. Ganz besonders nicht, seitdem die Ndebele-Künstlerin Esther Mahlangu eine bayerische Limousine bemalte, die heute auf Ausstellungen in der ganzen Welt gezeigt wird. Als künstlerisch Innovativste ihrer Zunft hatte sie ihre großen Erfolge, indem sie sich frühzeitig von den streng traditionellen Mustern löste und neue Stile probierte, was ihr weltweit Aufmerksamkeit einbrachte. Heute pendelt die berühmte Ndebele-Artistin zwischen Ausstellungen in Paris, Tokio und Los Angeles hin und her, und natürlich war sie auch schon mehrfach auf der Kasseler Documenta zu Gast. Auf eine erfolgreiche Karriere blickt auch die Künstlerin Franzina Ndimande aus dem Dorf Kgodwana westlich von Witbank (bei Pretoria) zurück: Zahlreiche bekannte Ndebele-Designs tragen ihre Handschrift, unter anderem die einer noblen deutschen Porzellanserie. Zur Krönung ihres Schaffens geriet die kunstvolle Bemalung der Dorfkirche Kgodwanas.

»RAINBOW NATION«

Die multi-ethnische Vielfalt der »Regenbogen-Nation« ist selbst für Insider mit über 20 Volksgruppen verwirrend. Noch übersichtlich stellen sich die Urvölker der San oder Khoikhoi dar sowie die Einwanderer aus Europa (mehrheitlich englischen und holländischen Ursprungs) und Indien. Bekannt sind die stolzen Xhosa von der Wild Coast, die kämpferischen Zulus aus KwaZulu/Natal sowie die expressionistischen Ndebele-Künstlerinnen aus Mpumalanga. Mit den weiteren Komplementärfarben des ethnischen Regenbogens wird es schon schwieriger: den Tswana, den Sotho, den Venda, den Shangaan, den Swazi und vielen mehr. Entsprechend gestaltet sich das Spektrum der elf offiziellen Sprachen, ganz zu schweigen von zahlreichen Dialekten.

WEITERE INFORMATIONEN ZUR NDEBELE-KUNST

Ndebele-Dörfer: Botshabelo (bei Middelburg), Mapoch Ndebele Village (bei Pretoria), das Lesedi-Kulturdorf (bei Johannesburg) sowie Mpumalanga Tourism, www.mpumalanga.com

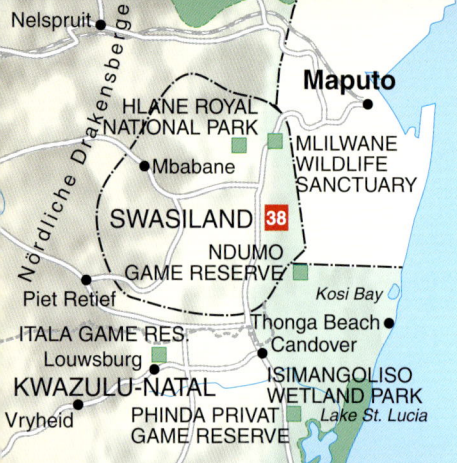

Ein erstklassiges Straßennetz macht Swasiland zu einer angenehmen Reiseerfahrung. Eine ganze Reihe Wildschutzgebiete holt die Big Five mit Leichtigkeit vor die Fotolinsen, und dazu nicht nur beeindruckende Landschaften, wie das Porträt der insigniengeschmückten Swasifrau zeigt.

38 Ahnenkult, Hexerei und aufregendes Nachtleben

Swasiland, das Reich von König Mswati III.

Nicht nur wegen seines illustren Auftretens ist das kleine Swasiland, nach Gambia das zweitkleinste Land Afrikas, gar nicht so ohne: Ein halbes Dutzend exzellenter Wild- und Naturparks warten mit traumhaften Berglandschaften und selbstverständlich mit den Big Five auf sowie mit einer stattlichen Statistik an großkalibrigen Wildtieren – und mit Nachtklubs, Spielkasinos und Diskotheken.

Die meisten Besucher werden die schillerndste Figur einer der letzten afrikanischen Monarchien kaum zu Gesicht bekommen, auch wenn eine Audienz bei Ihrer Hoheit König Mswati III. ganz sicher der krönende Abschluss einer Reise ins südliche Afrika wäre. Ranken sich doch um ihn die kuriosesten Anekdoten. Ohnehin kursieren in seinem 1,1 Millionen-Untertanen-Volk gerne die spannendsten Gerüchte. Besonders wenn mal wieder ein Swasi spurlos verschwunden ist. Garantiert wird in den Gazetten dann auf einen rituellen Mord spekuliert und die Frage diskutiert, wann die Leichenteile zu Pulver zermahlen auftauchen werden – schließlich spielen im Königreich Kulte, Schwarze Magie, Hexerei und Ahnenverehrung eine große Rolle. Immer noch werden mysteriöse Riten praktiziert wie die heilige Incwala-Zeremonie (Fruchtbarkeitsfeier) sowie der Umhlanga-Tanz (Schilftanz), die neben vielen anderen kulturellen

Eigenheiten aufzeigen, wie stark das Leben der Swasi in Traditionen verhaftet ist. Als Staatsführer und spirituelles Oberhaupt wird König Mswati III., absoluter Monarch seit 1986, von seinem Volk sehr verehrt. Die Existenz der Nation ist allein der klugen Politik der Königsfamilie zu danken, die das Land seit Erlangen der Unabhängigkeit (1968) von Großbritannien geschickt und erfolgreich durch die Turbulenzen der südafrikanischen Apartheid lavierte.

Flotte Hoheit: Sexverbot

Auch wenn deren jüngster und derzeit regierender Spross bekannt ist für seinen ausschweifenden Lebensstil (an die 20 Ehefrauen soll er haben, was sich allerdings im Vergleich zu weit über 100 seines Vorgängers König Sobhuza II. eher bescheiden ausnimmt), gibt es an der Monarchie wenig Zweifel. Zu Apartheidszeiten war Swasiland bei den weißen Südafrikanern beliebt wegen zahl-

KwaZulu-Natal

Mit seiner Art-déco-Fassade ist das »Protea Hotel Edward« die Perle unter den Beachfront-Herbergen, so wie das Schiffsrestaurant »Cargo Hold« in der uShaka-Marina der interaktive Hit unter den Fresstempeln ist: eine seiner Wände ist die gläserne Trennwand des Haifischbeckens. »City of Lights« (rechte Seite).

39 Durban, die Stadt des Lichts

Quirliger Lifestyle am Indischen Ozean

Die Millionenmetropole an Südafrikas Ostküste darf sich als Allererstes mit ihrem prominentesten Sohn, Mahatma Gandhi, schmücken. Der junge indische Anwalt lebte zwischen 1893 und 1914 in der Hafenstadt, bevor er (wie Nelson Mandela 100 Jahre später) als Symbolfigur für den gewaltlosen Widerstand und den Freiheitskampf mit friedlichen Mitteln in die Geschichtsbücher der Welt einging. Das moderne Durban fußt auf einer bewegten Geschichte.

Als der portugiesische Seefahrer Vasco da Gama am Weihnachtstag 1497 hier vor Anker ging, taufte er den Landstrich »Natal«, zu Ehren der Geburt Jesu Christi. Es war das Stammesgebiet der Zulus. 1823 ließen sich die ersten Händler an der Bucht nieder, und schon wenig später wurde aus Vasco da Gamas Ankerplatz ein betriebsamer Hafen, vor allem durch den Umschlag von Elfenbein. Bald gerieten die burischen »Voortrekker«, die mit ihren Ochsenwagengespannen vom britisch regierten Kap kamen, mit den kriegerischen Zulus aneinander. Die Eingeborenen unterlagen in blutigen Kämpfen. Wenig später schlugen sich die Buren mit den Briten, die auch Natal unter die Kontrolle des Empire bringen wollten. Diesmal unterlagen die Buren. 1843 wurde Natal zur britischen Kolonie ausgerufen und die Stadt nach dem ehemaligen Kap-Gouverneur Sir Benjamin D'Urban benannt. Mitte des 19. Jahr-

hunderts legten die neuen Herren riesige Zuckerrohrplantagen an, wozu Arbeiter in großer Zahl aus Indien herangeschafft werden mussten, weil die stolzen Zulu-Krieger nicht auf die Felder wollten. 1883 lebten bereits 30 000 Inder in der Region.

Dominiert vom Business

Viktorianische Prachtbauten entstanden, die noch heute im alten D'Urban Ville aufzeigen, was einmal war: 1863 das Gerichtsgebäude (heute The Local History Museum), 1885 das Rathaus (jetzt Hauptpost), 1894 der Hauptbahnhof (heute The Durban Exhibition Centre) und 1910 die City Hall als monumentaler Nachbau des Rathauses von Belfast. Auch das Alte Fort, Baujahr 1842, in dem einst britische Soldaten burischen Angreifern trotzten, zeugt von der Vergangenheit mit einem sehenswerten Kriegsmuseum und dem pittoresken Kirchlein St. Peter in Chains, das ehe-

dem als Pulvermagazin diente. Durban ist die zweitälteste unter den vier großen Städten Südafrikas und nach Johannesburg und Kapstadt mit mindestens vier Millionen Einwohnern die drittgrößte. Sie ist die Hauptstadt der Provinz KwaZulu-Natal, betreibt den zweitgrößten Hafen Afrikas sowie den umschlagstärksten Zuckerterminal des Landes. Außerdem ist Durban Sitz finanzkräftiger Industrie- und Handelsunternehmen, versammelt in seinem International Convention Centre gelegentlich bis zu 10 000 Kongressteilnehmer aus aller Welt. Hotelneubauten schießen wie Pilze aus dem Sand, die Skyline zeigt: Hier ist Geld, hier werden Geschäfte gemacht. Business vor Schönheit ist hier heute die Devise, und so findet in Durban eine lebhafte Mischung aus Bombay, Afrika und Florida statt. Was niemanden großartig stört, denn der Mangel an urbaner Ästhetik ist hier ganz locker kompensationsfähig, beispielsweise durch das milde subtropische Seeklima und durch die endlosen Sandstrände.

Strandhauptstadt: Südafrikas Playground

Die größte Attraktion ist Durbans »Golden Mile«, ein sechs Kilometer langer Küstenstrich, der sich zwischen der Landzunge The Point im Süden und dem Umgeni River im Norden erstreckt. Die Prachtmeile mit Meerespromenade ist der Kulminationspunkt des urbanen Lebensgefühls mit zahllosen Restaurants, Bars, Pools und Vergnügungslokalen. Dort, zwischen grellen Neonreklamen, Wolkenkratzern, feinen Strandhotels, Feinschmeckerläden und Amüsierzentren, spielt die Metropole Miami Beach.

Oder, je nachdem, auch Miami Vice. North Beach lockt mit donnernder Brandung, gelbsandigen Dünen und einem hyperbreiten Strand Städter aller Couleur ans Wasser. Und auf seine Marine Parade, wo sich Surfer in ihren Szenekneipen zum Après-Surf treffen und sich Durbans glitzerndes Beach-Nachtleben konzentriert. Die erste Baureihe hinter dem Goldstrand besetzen Fünf-Sterne-Hotelklötze, dazwischen warten feine Gourmet-Tempel wie »Daruma Seafood & Sushi« oder das »Piatto Mediterranien Kitchen« auf strandmüde Kundschaft. South Beach kann mit seinem Themenpark uShaka Marine World brillieren, wo sich im *shark-tank* alles versammelt, was an Furcht einflößenden Haifischen in der südlichen Hemisphäre unterwegs ist. Vermutlich nur deshalb gerade hier installiert, um Schwimmer für die Signale der Rettungswacht zu sensibilisieren, weil ab und zu Haifische trotz Elektroschocks und Schutznetzen urplötzlich Durbans geliebte Strände ansteuern.

Kunst und Kultur in der Stadt

Auch wenn man nur unschwer vom urbanen Strandleben lassen kann, ist Sightseeing in der Innenstadt nötig. Auf der To-do-Liste stehen: Durban Art Gallery und Natural Science Museum im Gebäude der City Hall, Museum of Africana in Muckleneuk, der ehemaligen Residenz eines Zuckerbarons, danach das Exhibition Centre, eine unorthodoxe Ausstellungshalle mit Kunst, Kitsch, Theater, Tanz und Musik, die Jumah Moschee, orthodox, Zutritt nur für Männer. Für Liebhaber unterschiedlichster Tierwelten der Umgeni Bird Park und der Fitzsimons Snake Park. Zum Unter-

Alles indisch, oder was? Durbans Indian Market ist mehr als eine Fundgrube für Gewürz- und Souvenirfreaks: Hier pulsiert das indische Leben der Metropole, und auch der Indische Ozean mit seinen Fun-Parks an der Uferpromenade ist nicht weit. Starke Kontraste: Sprungbereiter Wellenreiter, Zulu im indischen Rickscha-Outfit (rechts und links oben).

halten und Amüsieren wären da noch die Fun-Parks Amphitheatre Gardens und Water Wonderland, die Casino and Entertainment World, die Botanic Gardens, der Royal Durban Golf Course, die Formel-1-Rennstrecke, der Greyville Race Course (Pferderennen), der Durban Country Club sowie die Florida Road, die in schöner Kolonialatmosphäre Boutiquen, Cafés, Restaurants und trendige Kneipen wie auf der Perlenschnur vorzeigen kann.

Klein-Indien

Die Zeiten, dass indischstämmige Mitbürger wie Mahatma Gandhi aus einem für Weiße vorbehaltenen Zugabteil entfernt wurden, sind vorbei. Fast alle der etwa eine Million südafrikanischen Inder leben hier in Durban, das sind 15 Prozent der Bevölkerung der Provinz Kwa-Zulu-Natal. 75 Prozent sind Zulus, der Rest Europäer. Das bedeutet, dass Durbans Kultur stark indisch geprägt ist. Wer das trotz kupferglänzender Kuppeln der Jumah Mosque im Indischen Viertel sowie wild herumkurvender Rikscha-Taxis (deren Fahrer allerdings häufig phantasiegeschmückte Zulus sind) oder auch diverser Hindutempel nicht auf den ersten Blick erkennt, schafft das auf Durbans wuseligem Victoria Market und dessen unüberschaubarer Zahl an Ständen spielend: Curry, orientalische

Gewürze und Weihrauch sind hier die vorherrschenden Düfte. Auf keinen Fall verpassen: The Tourist Junction im alten, viktorianischen Bahnhof sowie The Workshop, Durbans beliebtestes Shopping-Paradies gleich nebenan. Eine Stadt mit der wirtschaftlichen Power Durbans hat natürlich auch kulturell einiges zu bieten. Zum Beispiel regelmäßige Sonntagskonzerte des Natal Philharmonic Orchestras, peppige Shows der Red Eye @rt mit Musik, Mode und Kunst in der Durban Art Gallery, Shakespeare oder Komödie als experimentierfreudige Inszenierungen auf den fünf Bühnen des Natal Playhouse. Und dann sind da noch die religiösen Festivitäten der Inder: Kavadi, das wichtigste Hindufest Ende Januar, Diwali, das Lichterfest im November, Ratra Yathra zu Ehren der indischen Gottheit Vishnu und so fort. Außerdem natürlich Kongresse aller Art, darunter die größte afrikanische Touristikmesse Indaba, Weltklasse Formel-1-Rennen, zahllose Surfwettbewerbe sowie die Durban-Beach-Afrika-Festwochen. Ein besonderer Schatz sind Durbans Art-déco-Juwele, die der Stadt in den 1930er Jahren einen neuen Architekturstil bescherten. Vom Meer aus präsentiert sich die Skyline von Durban tatsächlich beeindruckend, aber richtig gut wird die »City of Lights« vor allem bei Nacht.

NICHT NUR FRUTTI DI MARE

Eine Reihe feiner Restaurants hat sich auf Fisch und Meeresfrüchte spezialisiert, wobei Frutti di Mare in Durban sowieso überall frisch auf den Tisch kommen. Langusten sind ein Traum, aber falsch machen kann man auch beim Standardgericht »Line-fish« nichts, der je nach Fang variiert. Eine Institution mit Seeblick ist Durbans »Famous Fish Company«, Point Waterfront, direkt am Hafen und mit berauschenden Aussichten auf vorbeifahrende Frachtschiffe aus aller Welt. Kulinarisch an zweiter Stelle sind indische Currys. Folgerichtig finden sich reichlich Restaurants der Kategorie »Jaipur Palace« und »Jewel of India«, wo Tandoori (würziges Huhn oder Hammelfleisch auf Reis oder Naan-Brot) ebenso zu den indischen Gourmet-Genüssen zählt wie ein Bombay Fish Curry.

WEITERE INFORMATIONEN ZU DURBAN

Durban Tourism:
www.durbanexperience.co.za,
www.durban.cityguidesa.com sowie
Zulu Kingdom: www.zulu.org.za

40 Überirdisch: der Kamm des Drachens

Die südlichen Drakensberge

Wer auf den Kamm des Drachens will, kommt an der Region der Midlands nicht vorbei: Sanft geschwungene Hügellandschaften mit saftigen Wiesen und zufriedenen Kühen erstrecken sich nordwestlich von Durban, wo sich Pietermaritzburg als letzte britische Bastion versteht und als Tor zu einer der bizarrsten Landschaften KwaZulu-Natals. Mit Highlights, deren Namen beinahe schon alles verraten: Tugela Falls, Cathedral Peak, Giant's Castle, Sani Pass, Bushmens Neck.

Liebhaber bizarrer Hochgebirgslandschaften kommen in den südlichen Drachenbergen voll auf ihre Kosten, wie die prächtigen Bergpanoramen um das sogenannte »Amphitheater« (oben) zeigen. Zwischendrin gibt es auch sehr liebliche Ansichten, wie die beiden Zulu-Geschwister in der Blumenwiese beweisen.

Das 1838 gegründete viktorianische Städtchen, das seine halbe Million Einwohner praktischerweise auch »Piemburg« oder noch kürzer »PMB« nennen, wartet mit immer noch sehr intakten Insignien des britischen Empire auf.

Very british: Pietermaritzburg

Adrett ziehen sich hölzerne Gartenzäune um akkurat geschnittene Rasenflächen und Bougainvillea-Sträucher, sauber gepflasterte Wege zieren nicht nur die Parklandschaften der schmucken Hauptstadt KwaZulu-Natals. Eine Backsteinpracht ist Pietermaritzburgs City Hall, die als viktorianischer Architekturschatz zum Nationaldenkmal erklärt wurde und angeblich das größte Backsteingebäude südlich des Äquators ist. Immerhin ragt sein Glockenturm beinahe 50 Meter in den afrikanischen Himmel. In gleicher Weise beeindruckend präsentiert sich

vis-à-vis das Gebäude der Tatham Art Gallery, die in einer beachtlichen Sammlung Gemälde und Skulpturen südafrikanischer und europäischer Künstler aus dem 19. und 20. Jahrhundert ausstellt; sogar Picasso-Werke haben den Weg in die geschichtsträchtigen Hallen des ehemaligen Obersten Gerichtshofs gefunden. Architektur aus längst vergangenen Zeiten ist das aussagestärkste Thema dieser Stadt. Auf der Liste der fotogenen Stopps stehen das Macrorie House (1862), das Old Government House (1860), das Old Colonial Building (1899) und das Voortrekker House (1847), bevor es zu den Attraktionen geht, die unmittelbar vor Piemburgs Haustür liegen. In der Church Street erinnert die »Statue of Hope« an Mohandas (später Mahatma) Gandhi. 1893 wurde Gandhi im Bahnhof von Pietermaritzburg aus dem Zugabteil der

1. Klasse verwiesen, weil dieses nur den Weißen vorbehalten war. Dieser Eklat politisierte den jungen Anwalt und machte ihn zum gewaltlosen Kämpfer gegen Rassismus.

uMgungundlovu – die Midlands

Die Midlands-Route führt durch das Gebiet der Midlands Meander bis zum Albert Falls Public Nature Reserve. Bei Fort Nottingham bieten die Howick Falls im Umgeni-Valley-Naturreservat das nächste Paradies. Hier, wie auch in dem benachbarten Midmar Public Resort and Nature Reserve lassen sich Giraffen, Zebras, Antilopen, Nashörner sowie eine reichhaltige Vogelwelt beobachten. Aber das interessiert Reisende, die hier auf der N 3 unterwegs sind (die bis nach Johannesburg hinaufführt) nicht wirklich, weil es gleich riesig wird: In der Region des Golden Gate Highlands National Park, des Royal Natal National Park sowie des Rugged Glen Nature Reserve und zahlreicher kleinerer Schutzgebiete thronen die ganz großen Brocken Südafrikas in hochdramatischen Berglandschaften. Über die der König der südafrikanischen Berge, Mafadi Peak, regiert, weil er mit 3446 Metern von allen der höchste ist.

uKhahlamba – der Drachenpark

Das gesamte 243 000 Hektar große Gebirgsareal, das jenseits der Grenze zu Lesotho mit dem höchsten Gipfel des südlichen Afrika (Thaba Ntlenyana, 3482 m) seine Fortsetzung findet, bildet mit seinen phänomenalen Basaltgipfeln als uKhahlamba-Drakensberg-Park die Kulisse in zahlreichen Filmen und wurde im Jahr 2000 zum Weltnaturerbe erklärt.

Nicht nur bei Bergsteigern und Wanderern ist der »Kamm des Drachens«, der Drakensberg, als Eldorado begehrt. Denn das, was sich hier zeigt, ist von geradezu überirdischer Schönheit. Dazu gehört das berühmte Amphitheater im Royal Natal National Park, wo der Tugela River an einer fünf Kilometer langen und 500 Meter hohen Felswand in mehreren Stufen über 800 Meter tief abstürzt. Allradfreunde machen sich auf den Weg zum 2895 Meter hohen Sani-Pass, der auf einer extremen Gebirgsstrecke ins Königreich Lesotho hineinführt und Off-Road-Fans ein Fahrabenteuer der besonderen Art garantiert. Eine Serie spektakulärer Haarnadelkurven nach der anderen schrauben schnaubende Allradgefährte immer höher hinauf in ein Szenario aus Bergen mit Schneehauben, grotesken Schluchten und bedrohlichen Steilabfällen. Der Weg führt in eine Welt, durch die in wärmende Wolldecken gehüllte Hirten ihre Schafherden treiben. Bequemer, wenn auch nicht weniger spektakulär, ist das Giant's Castle-Wildreservat zu erreichen. Zwischen Champagne Castle (3374 m), Giant's Castle (3314 m), Cathkin Peak (3148 m) und Cathedral Peak (3004 m) ragen gewaltige Basaltbrocken auf, deren Höhenlinien kaum unter 3000 Metern liegen.

BUSHMAN'S ROCK-ART

An die 25 000 Felsmalereien steinzeitlicher San finden sich in über 500 Höhlen und Felsüberhängen im gesamten Drakensberg-Gebiet. Konzentriert lässt sich der UNESCO-Weltkulturerbe-Schatz im Royal Natal National Park besichtigen, wo zahllose »Bushman Paintings« aus dem Leben der Jäger und Sammler erzählen, die schon vor rund 8000 Jahren mit Blick auf den Dreitausender Giant's Castle lebten. Die schönsten und am leichtesten zugänglichen San-Kunstwerke befinden sich in den »Giant's Castle Main Caves« unweit der luxuriösen »Giant's Castle Rock Lodge«, die Kwa/Zulu-Natal Wildlife untersteht. Empfehlenswert: das Cave Museum sowie im zentralen Drakensberg das Kamberg Rock Art Centre sowie das San Rock Art Centre in Didima.

WEITERE INFORMATIONEN ZU DEN SÜDLICHEN DRAKENSBERGEN

Pietermaritzburg Tourism:
www.pmbtourism.co.za
Drakensberg Information
www.cdic.co.za
Drakensberg Tourism:
www.drakensberg.za.org

Wegen der klaren Bergluft fernab der Zivilisation, der zahlreichen Wasserfälle, Wildblumen und der vielen hohen, vielgestaltigen Berge sind die Drakensberge ein beliebtes Touristenziel.

Kaum verwunderlich, dass sie so stolz sind, die Nachfahren der kampferprobten Zulu-Krieger, auf Zululand: Landschaftliche Schönheit (Huka Falls, oben) paart sich mit einer beeindruckenden Zulu-Kultur (Zulu-König im Häuptlingsputz), und der mehrheitlich traurigen Zulu-Historie (Blood River Monument bei Dundee, rechts).

41 Im Stammesland der Zulus

Traumhafte Landschaften, faszinierende Einblicke

Inmitten grüner Hügellandschaften liegt nördlich von Durban das Siedlungsgebiet jener stolzen Stammeskrieger, die sich von Anbeginn der Kolonialisierung gegen die weißen Eindringlinge aus Europa stellten. Hier herrschte einst der legendäre Zulu-König Shaka, der Anfang des 19. Jahrhunderts versprengte Zulu-Stämme einte und eine straff organisierte Militärmacht aufstellte.

Shaka Zulu, heute heiß verehrt, war ein blutrünstiger Diktator, der das Land in Angst und Schrecken versetzte und 1828 von seinen Halbbrüdern Dingaan und Umhlanga ermordet wurde. Seinen Kultstatus verdankt er dem Untergang seines machtstrotzenden Zulu-Reiches und der schmählichen Niederlage gegen die Buren in der legendären Schlacht am Blood River im Dezember 1838.

Heute leben viele Zulus in bitterer Armut, was die Glorifizierung des Übervaters Shaka Zulu verständlich macht. Weshalb zahlreiche Denkmäler und Ortsbezeichnungen dem großen König gewidmet sind: Nur wenig nördlich von Durban liegt Shakas Rock, von dem es heißt, Shaka habe dort Ungehorsame ins Meer werfen lassen. Über Shakaskraal gelangt man ins Städtchen Stanger, wo das Shaka Memorial die Stelle markiert, an welcher der Zulu-König schließlich erschlagen wurde. Wenige Kilometer weiter, an der Mündung des Tugela River, erinnert der Ultimatum Tree an den Ausbruch der Schlachten zwischen Briten und Zulus.

Es lebe der König!

Vor allem in der Region zwischen Eshowe und Empangeni breitet sich die einst mächtige Zulu-Kultur in Form bunter Folklore mit idyllisch wirkenden Rundhüttendörfern aus, die pittoresk inmitten weitflächiger Zuckerrohrplantagen liegen. Eine ganze Reihe von Museumsdörfern lassen die Geschichte der Zulus und ihres legendären Königs wieder lebendig werden. Eines davon ist Shakaland, nördlich von Eshowe, das als orginalgetreue Rekonstruktion für die Kulissen der amerikanischen Fernsehserie »Shaka Zulu« gebaut wurde. Heute funktioniert Shakaland als Show-Park, in dem zahlreiche Veranstaltungen, Tänze und Vorführungen stattfinden und Besuchern die Tradition der Zulus sowie deren Geschichte näher bringen. Lebendigere Zeugnisse der Vergangenheit sind die übers Jahr verteilt stattfindenden Zulu-Festivitäten. Zehntausende Teilneh-

146

mer bietet das Shembe-Festival auf und noch mehr die Veranstaltungen am King Shaka Day Ende September. Zum Schilftanz versammeln sich dann in großen Mengen barbusige Zulu-Jungfrauen, tanzend und singend, um ihrem König im Royal Kraal in Nongoma zu huldigen. Ehemals eine Zeremonie zu Ehren des Zulu-Königs, der sich bei dieser Gelegenheit mit frischen Bräuten versorgte, ist es heute das Fest voyeuristischer Kameralinsen.

Zululands Schlachtfelder

Das kleine Städtchen Ulundi, einst im Verein mit Pietermaritzburg die Hauptstadt von KwaZulu-Natal, war früher das Zentrum des Zulu-Reiches. In der Schlacht von Ulundi fanden die grausamen kriegerischen Auseinandersetzungen zwischen Zulus und Briten ihr endgültiges Ende. Für historisch Interessierte lässt sich das einstige *battlefield* besichtigen, das KwaZulu Cultural-Historical Museum liefert audiovisuelle Hintergrunddetails. Eine der wichtigsten historischen Pilgerstätten der Zulus befindet sich im Emakhosini Ophathe Heritage Park bei Ulundi, dem südafrikanischen »Tal der Könige«. Sieben große Zulu-Könige sind im Valley of the Kings begraben, darunter auch der Brudermörder Dingaan. Nordwestlich von Ulungi, im Dreieck von Newcastle, Vryheid und Ladysmith, liegen weitere Schlachtfelder sowie das legendäre Blood River Monument zwischen Dundee und Vryheid. Hier, am Ncome River, dem späteren Blood River, hatten 464 Buren mit ihren Ochsenwagengespannen eine Wagenburg errichtet und wurden am 16.12.1838 von 20 000 Zulus

angegriffen. 3000 Zulus starben und der Fluss färbte sich rot … Das Monument besteht aus 64 bronzenen Voortrekker-Ochsengespannen in Originalgröße. Wie nicht anders zu erwarten im Land der Wal-, Wein-, Brandy-, Freedom- und Adrenalin-Routen können KwaZulu-Natal-Besucher auf eine Battlefields-Route zählen. Die tatsächlich existiert, ebenso wie Südafrikas erste Bierroute, auf der sich neben dem Großproduzenten South African Breweries in Durban eine Handvoll Kleinbrauereien vorstellen.

Klein-Deutschland in Südafrika

Was außerdem noch zum Stammesland der Zulus gehört sind Strände ohne Ende. An KwaZulu-Natals Südküste wartet nicht nur die bildschöne Hibiscus Coast mit idealen Voraussetzungen für ein gelungenes Beachlife auf: Glenmore Beach, Southbroom, Margate und Shelly Beach heißen die maritimen Stationen zwischen Durban und Ramsgate. Auch nördlich der City of Lights erstrecken sich endlose Badeküsten bis nach St. Lucia und noch weiter hinauf. Westlich davon hören die Ortschaften Lüneburg, Wittenberg, Augsburg, Schwarzwald und Braunschweig auf deutsche Namen; in der Nähe von Paulpietersburg leben die Nachfahren deutscher Einwanderer. Die noch heute, verbunden im lutherischen Glauben, eine enge Gemeinschaft bilden. Wer deutschsprachige Schulen und Gottesdienste und einen deutschen Bläserchor mitten in den Weiten Afrikas erleben will, muss auf die »German Pioneer Route«, wo zur Adventszeit auf dem Weihnachtsmarkt der deutsche Lebkuchen südafrikanischer Sommerhitze standzuhalten versucht.

STILVOLL ÜBERNACHTEN IN ZULULAND

Auf halber Strecke zwischen Blood River Monument und Richards Bay an der Küste liegt im Herzen von Zululand das reizvolle Babanango Valley. Einen der schönsten Happen hat sich daraus das 4000 Hektar große private Schutzgebiet der »Babanango Valley Lodge« am Nsubeni River herausgebissen. Auf dem Gelände des renaturierten Farmgebietes grasen jetzt Zebras, Impalas, Warzenschweine und Gnus, die sich ab und an dem Jagdinstinkt von Leoparden stellen müssen. Das Hauptgebäude der Lodge ist das ehemalige Farmhaus der Turners, die sich mit liebevollen Interieurs und hervorragendem Service den Gästen widmen, die den Weg (drei Fahrstunden von Durban) hergefunden haben (www.babanango.co.za).

WEITERE INFORMATIONEN ZU ZULULAND

Museumsdörfer: Fort-Nongqayi (www.umlalaziorg.za), Shakaland (www.shakaland.com), Zululand Tourism (www.zulu.org.za)
Festivals: www.eshowe.com
Tourism KwaZulu-Natal: www.kzn.org.za
Battlefields-Route: www.battlefields.kzn.org.za
German Pioneer Route: Paulpietersburg Tourism, High Street, Tel. 0027 349 95 16 50
Deutschland-Vertretung von KwaZulu-Natal: Tour Link Africa, www.zulu.org.za

Die Flüsse White Imfolozi, Black Imfolozi und Hluhluwe River speisen das riesige Wildschutzgebiet des Hluhluwe-iMfolozi Game Park und machen es zu einem der interessantesten Tierbeobachtungsparadiese Südafrikas. Neben zahlreichen Nashörnern sind auch Elefanten, Löwen, Leoparden, Hyänen und Giraffen vertreten.

42 Gourmet-Paradies für Vegetarier

Rhino-Country: Hluhluwe-iMfolozi National Park

Zwei Fahrstunden nordwestlich von Durban öffnen sich die Tore des Hluhluwe-iMfolozi Game Park. Das riesige Areal des Schutzgebiets, das mit 1000 Quadratkilometern die doppelte Fläche des Bodensees ausweist, kam 1998 durch einen Verbindungskorridor zwischen den bis dahin separaten Reservaten Hluhluwe und Umfolozi zustande. Der Wildpark zählt seit der Gründung im Jahr 1895 zu den ältesten in Afrika und ist der viertgrößte in Südafrika.

Als im März 1959 die beiden Wildhüter Ian Player und Magqubu Ntombela mit einer Handvoll Safarigästen auf dem ersten offiziellen Wilderness Trail im iMfolozi Game Reserve unterwegs waren, konnten die Wanderer ihre Verwunderung nicht verbergen: In der strotzend grünen Hügellandschaft, deren Täler von zahlreichen Wasserarmen durchzogen sind, entfalteten sich Bilder von seltener Schönheit: Wälder und Dornveld-Ebenen, Hügel und Felskuppen sowie Flussauen mit aufdampfenden Nebelschwaden wechselten sich ab und formten eine Vision vom Garten Eden. Der Erfolg der Gruppe, die ohne Fahrzeuge in vollkommener Stille ein Teil dieser entrückten Naturwelt werden konnte, setzte das iMfolozi-Gebiet auf die Landkarte der Begehrlichkeiten.

Walk on the Wildside

Schnell entwickelten sich *bushwalks* zu einer immer beliebter werdenden Art,

Safari in reinster Form zu erleben. Heute zählt der Hluhluwe-iMfolozi zu den am meisten besuchten Schutzzonen Südafrikas. Über die N 2 und das Städtchen Hluhluwe gelangt das größte Kontingent des organisierten Rundreisetourismus zum Memorial Gate und in den Ostteil des Parks. Gleich dahinter breiten sich schier endlos bewaldete Hügellandschaften aus, durch die sich der Hluhluwe River sowie der Black- und der White Imfolozi River schlängeln, die fruchtbare Täler mit üppiger Vegetation hervorbringen sowie satte, weite Grassavannen: Hier ist Rhino-country, ein ideales Fress-Paradies für Rhinozerosse.

Rettet die Rhinos

Nicht umsonst wurde Hluhluwe-iMfolozi in den 50er und 60er Jahren weltberühmt für sein Schutzprogramm »Operation Rhino«, das die Breitmaul-Vertreter (*White Rhino*) vor dem Aussterben bewahrte und die Spitzmaulkollegen

(*Black Rhino*) zur größten Population in ganz Afrika versammelte. Einst das opulente Jagdgebiet von Zulu-König Shaka (sowie schießwütigen Wilderern, die auf wertvolles Elfenbein aus waren) brauchen sich Rhinozerosse heute innerhalb des Schutzgebiets kaum mehr Sorgen um Horn und Leben zu machen. Die über 2000 Breitmaul- und um die 500 der besonders seltenen Spitzmaulnashörner stehen im weltgrößten Schutzgebiet für Rhinos unter strenger Aufsicht der Parkranger. Auf Tuchfühlung lässt es sich an die sensiblen Vegetarier am besten auf den angebotenen *Wilderness Trails* herankommen, die zu den Höhepunkten von Hluhluwe-iMfolozi zählen: Zu Fuß wird unter sachkundiger Führung die Savanne erkundet. Groß sind dabei die Chancen, einen Revierkampf zweier Nashornbullen aus nächster Nähe mitzuerleben, mit prickelnden Momenten, wenn die beiden Kolosse aufeinander zustampfen, die Hörner kreuzen, schieben und drücken, die Köpfe schwenken, um erneut Anlauf zu nehmen. Bis der Schwächere schließlich nachgibt und sich davontrollt, während der Sieger durch kräftige Urinstrahlen sogleich sein Revier markiert, oder, je nachdem was gerade geht, durch eine ordentliche Portion »Rhino Droppings«. Natürlich sind auch die Vertreter der

Raubtier- und Aaskategorie zahlreich in den weiten unberührten Landschaften vertreten, weshalb ein Viertel des gesamten Gebietes von den Fleischfressern abgetrennt ist, um Safaris zu Fuß möglich zu machen. Angeboten werden mit den *Primitive Trails*, den *Base Camp Trails* und den *Weekend Short Wilderness Trails* sehr unterschiedliche Routen mit bis zu vier Übernachtungen.

Romantisch: »Zululand Tree Lodge«

Die magnetische Wirkung des Hluhluwe-iMfolozi haben in der näheren Umgebung zahlreich Lodges und kleinere private Schutzgebiete entstehen lassen. Eines davon ist das Ubizane-Wildlife-Reservat mit der »Zululand Tree Lodge«, nur wenige Kilometer vom Memorial Gate entfernt.
In den 1960er Jahren von Ex-Rangern gegründet, gehörte das Reservat viele Jahre lang zur benachbarten CC-Africa-Gruppe (Phinda), und wird vor allem von Selbstfahrern genutzt. Abseits der touristischen Brennpunkte im Park lässt es sich hier in einem traumhaften Jenseits-von-Afrika-Ambiente wohnen und gleichwohl mit erfahrenen Rangern auf Jeep-Safari im Hluhluwe-iMfolozi gehen: Fahrten dorthin sind im Übernachtungspreis enthalten.

RUND UM HLUHLUWE-IMFOLOZI

Das kleine Örtchen Hluhluwe bringt nicht nur eine Tankstelle auf die Beine, sondern auch ein Shopping-Paradies mit ausgezeichneten Zulu-Kunsthandwerksprodukten. Wer hier kauft, stärkt die Stellung der einheimischen Frauen, was sich Ilala Weavers als Konzept auf die Fahnen geschrieben hat. Im benachbarten Dumazulu Cultural Village gibt es in einer Art Live-Show-Museum Zulu-Vorstellungen mit Tanz, Gesang, Korbflechten und Speerwerfen. Mehrtägige Wander-Safaris im Nationalpark von Tekweni Eco Tours.
Websites: Ilala Weavers, www.ilala.co.za; Dumazulu Cultural Village, www.goodersonleisure.com; Wander-Safaris, www.tekweniecotours.co.za

WEITERE INFORMATIONEN ZU HLUHLUWE-IMFOLOZI GAME PARK

Hluhluwe Tourism Association: www.Hluhluwe.net
Übernachtungs-Tipp: Zululand Tree Lodge: www.ubizane.co.za oder im **Hill Top Restcamp:** www.kznwildlife.com.

Es ist der pure Luxus, für alle Beteiligten: An Phindas renaturierter Wildnis profitieren seit ihrer »Eröffnung« im Jahr 1990 nicht nur die Vertreter des südafrikanischen Dschungelbuchs, sondern vor allem die Einheimischen, die um das riesige Reservatsgebiet herum leben. Und die zahlungskräftigen Gäste, die sich auf hohem Niveau verwöhnen lassen.

43 Schutz für Mensch und Tier

Das ökologische »Raw-Model« Phinda

Westlich des Greater St. Lucia Wetland Park liegt das Schutzgebiet Phinda Private Game Reserve, dessen Eigentümer sich hinter der Bezeichnung »Conservation Corporation Africa« verbergen. Dem Natur- und Tierschutz verpflichtet, hat sich CCA in großen Lettern die Ökologie auf die Fahnen geschrieben und betreibt auf seinen Arealen einen feinen, aber bevölkerungsnah ausgerichteten Tourismus, der seinen Preis hat.

Wie viele andere privaten Reservate, breitet sich auch das Phinda-Tierparadies auf renaturiertem Farmland aus, das durch Abbau von Zäunen, Wasserspeichern, Gebäuden und so fort wieder zu dem wurde, was es ursprünglich einmal war: Wildnis. Phinda, was in der Sprache der Zulu soviel wie »Rückkehr« bedeutet, versammelt auf seinem Territorium heute wieder ganz selbstverständlich die *Big Five*, sowie Geparde, Giraffen, Rhinozerosse und zahlreiche andere Wildtierarten. Dazu bevölkert eine reichhaltige Vogelwelt mit 400 Arten die 17 000 Hektar große Naturschutzzone aus Feuchtgebieten, Steppen, Buschland und Wäldern. Diesen Naturschatz versucht das ökologisch orientierte Wirtschaftsunternehmen mit der Ökonomie auf einen nachhaltigen Nenner zu bringen. Und noch mehr, wohlwollend beobachtet von über 20 000 menschlichen Anwohnern, die um Phinda herum leben.

Rettet die Menschen

Hier setzt die eigentliche Aufgabe der Conservation Corporation an, die in verschiedenen Pilotprojekten bewiesen hat, dass Tierschutz und Wirtschaftlichkeit auch erfolgreich einheimische Bewohner integrieren kann – und muss.

Das betrifft vor allem jene, die einst ohne Entschädigungen aus ihren angestammten Gebieten vertrieben wurden, zugunsten von Farmen oder Tierreservaten. Und die nun ohne Zukunftsperspektiven und häufig verarmt vor den Parktoren leben müssen. Ähnlich wie in Madikwes Buffalo Ridge Project sind auch hier Hunderte direkte und indirekte Arbeitsplätze entstanden, die eine große Zahl an Familienverbänden existentiell absichern und am Tierschutz partizipieren lassen. Gewinnbeteiligung an den wirtschaftlichen Prozessen des Reisemarkts fördert ein positives Verhältnis zwischen Mensch und Natur und auch spürbar den Kontakt gegenüber

Besuchern, die auf sanfte Weise ermuntert werden, ihren Teil beizutragen. Durch Gewinnrückflüsse sowie Spenden entstehen Schulräume, Kliniken und Bildungseinrichtungen mit speziellen Kursangeboten, zum Beispiel um die Eigeninitiative zu fördern und sich selbstständig zu machen. Bei Kleinfirmen, die mit Unterstützung Phindas entstanden sind, werden anschließend Dienstleistungen bestellt. Zahlreich sind die Programme, die Selbstbewusstsein, Zusammenhalt in der Belegschaft und Identifikation mit der »Company« fördern durch Projekte wie »Positively CC African« (Gesundheit und Aufklärung zum Thema Aids), »The Goal is Life« (Fußball) oder »Sing For Life« (afrikanische Musik). Zu Letzterem gehört die Organisation von Musikgruppen und Chören innerhalb der Belegschaften von 45 CCA-Lodges in ganz Afrika, die mit den jeweils anderen Lodge-Kollegen im Wettbewerb stehen. So wird Mitgliedern das Reisen ermöglicht, sogar in andere Länder.

Fordern und fördern

Eines der größten Ereignisse fand im Johannesburger »Theatre on the Track« statt, wo Präsentationen aus sechs sehr unterschiedlichen afrikanischen Kulturkreisen (Xhosa, Zulu, Swazi, Shangaan, Tset-Swana sowie ein Mix verschiedener tansanischer Stämme aus der Ngorongoro Crater Lodge) gegeneinander antraten. Landesweit bekannt ist Phindas Ranger Training School, an der künftige Ranger eine Ausbildung erhalten, bevor sie ihre Anstellungen bei CC Africa oder in einer der zahlreichen anderen südafrikanischen Wildreservate antreten. Mit vier Lodges ist CCA im Schutzgebiet vertreten: »Phinda's Rock Lodge« in den Lebombo Mountains sowie die außergewöhnlich konzipierte »Vlei Lodge« gelten als die exklusivsten. Die Vlei-Chalets bieten großzügige Glasfronten, durch die sich zu jeder Zeit die tierreichen *wetlands* ringsum beobachten lassen, sodass ihren Gästen das Gefühl zuteil wird, sich mitten im Busch zu befinden und ein Teil der Natur zu sein, selbst beim Relaxen im Whirlpool. Die »Mountain Lodge« verbreitet als älteste der vier ein eher gemütliches Ambiente, während die ziemlich verrückte »Forest Lodge« aufgrund von Architektur und Interieurs im Zulu-Zen-Stil ein Publikum auf der Suche nach dem Besonderen anspricht. Außergewöhnliches garantieren auf ganz traditionelle Weise CCA's Walking Safaris, deren Unterkünfte fernab der Hauptlodges im Sandveld liegen; in den einfach konzipierten Camps (vier Zelte, Eimer-Dusche, Feuerstelle, Koch und Ranger) lässt sich mit der Wildnis auf engster Tuchfühlung experimentieren.

DIE GROSSE LEIDENSCHAFT: GOLFEN

Mit circa 600 Golfplätzen und Koryphäen wie David Frost, Bobby Lock und Leon Els bringt Südafrika in Sachen Abschlagen und Einputten Top-Class-Golfen auf die Beine. Zu den historischen Greens der ersten Stunde zählen nördlich von Kapstadt The Royal Cape, gegründet 1882, sowie Johannesburgs Royal Golf Club, gegründet 1890. Seither haben Spielwiesen auf Meisterschaftsniveau ganz Südafrika überzogen. Weltbekannt ist der Gary Player Country Club in Sun City durch sein alljährlich stattfindendes Turnier »Million Dollar Challenge«. Genügend Greens finden sich auch mitten im Busch von KwaZulu-Natal, wo Antilopen, Paviane und Krokodile zur echten Herausforderung werden!

Informationen:

www.suedafrika-guide.de/golf/index.html,

www.suedafrika-golf.de,

www.golfmotion.com

WEITERE INFORMATIONEN ZU PHINDA

CCAfrica: www.ccafrica.com,

www.wildwatch.com

44 Der »Wunderpark«: iSimangoliso Wetland

St. Lucia's Feuchtgebiete, Krokodile und Nilpferde

Es ist noch nicht lange her, dass die gottbegnadete Küstenlandschaft der sattgrünen Küstenebenen, unberührten Sandberge und des stahlblauen Indischen Ozeans nur Militärs und Meeresbiologen vorbehalten war: Der Greater St. Lucia National Park, gerade in iSimangoliso Wetland Park (Wunderpark) umbenannt, schaffte es aufgrund seiner besonderen Tierpopulation und seiner ökologischen Einzigartigkeit als erstes Schutzgebiet Südafrikas auf die Weltnaturerbe-Liste der UNESCO zu kommen.

Was für ein Glück für die Menschheit: Auf 280 Kilometern erstreckt sich der Greater St. Lucia National Park als Teil der Elephant Coast zwischen Cape St. Lucia im Süden und Kosi Bay im Norden. Einschließlich seiner Wasserflächen umfasst das 332 000 Hektar große Areal (die sechsfache Fläche des Bodensees) drei Binnenseen, acht ineinandergreifende Ökosysteme, riesige Sumpf- und Mündungsgebiete, 25 000 Jahre alte Sanddünenlandschaften, die bis zu 180 Meter hoch wachsen, sowie weite Wald- und sattgrüne Grasflächen. Das Schönste aber: Auf seiner gesamten Längenausdehnung brandet mit durchschnittlich 30 Grad Celsius Wassertemperatur leuchtend blau der Indische Ozean an und präsentiert mit weiß schäumenden Brechern, verschwiegenen Buchten, endlosen Strandlandschaften,

unberührten Sanddünenwelten sowie skurrilen Baumstammskulpturen, die als Treibholz auf die weiten Sandflächen geschwemmt wurden, ein menschenleeres tropisches Paradies, das im urzeitlichen Zustand verharrt. Über 200 Schmetterlingsarten und 400 Baumarten sprechen für sich.

Bunte Unterwasserwelt

Unter der Wasseroberfläche ist der Teufel los: Der Northern Reef Complex vor Kosi Bay zieht Taucher aus aller Welt an, White Sands Canyon, Seven Mile Reef, Diepgat Canyon, Red Sands Reef heißen einige der farbschillernden Korallenriffe, die sich bis nach Cape St. Lucia hinunterziehen. Wer hier abtaucht, findet keine anderen Taucher in den Riffen, nur Unterwasserwelten vom Allerfeinsten. Nemo und Freunde, seine bunten Riff-

Was »KwaZulu-Natal Wildlife« mit den St. Lucia Wetlands zu verwalten hat, grenzt an ein Wunder; allein schon flächenmäßig, aber vor allem durch iSimangolisos Zutaten: Ozean und weite, archaische Strände, Süßwasserseen sowie subtropische Palmenkulissen, grasbewachsene Küstenebenen, menschenleer, und eine breit gefächerte Vogelwelt.

Hier fühlen sich alle wohl: Angler und Hochseefischer, Tour-Veranstalter mit ihren Ausflugsbooten, Teleobjektive, Ferngläser sowie richtig harte Beißer: Substanzielle Hippo- und Krokodilpopulationen bevölkern die Wetlands. Vor allem wegen letzteren muss sich auch dieser bildschöne Pelikan nonstop in Acht nehmen (rechts oben).

Kollegen, gleiten wie im Film durch wunderschöne Korallengärten Schildkröten paddeln in Zeitlupe vorüber, Muränen lugen aus Felslöchern heraus; nicht umsonst heißt der bezauberndste Tauchplatz vor Kosi Mouth »Aquarium«. Ein Riesenspektakel findet jeden Juli statt beim berühmten *sardine run*, wenn Millionen Sardinen in dichten Schwärmen vor den Küsten KwaZulu-Natals auftauchen, verfolgt von Kamerateams und Raubfischen, die mit offenem Maul durch das reichgedeckte Fress-Büffet hindurchpflügen. Und schlucken, was immer geht. Vor den feinen Sandstränden kreuzen Weiße Haie, Buckelwale und Südliche Glattwale, Delfine und Quastenflosser, die »Dinosaurier der Meere«, im warmen Sand der Strände legen Meeresschildkröten (darunter die seltene, große Lederschildkröte) ihre Eier ab.

Zeit für Schildkröten

Fünf Schildkrötenarten leben an den südafrikanischen Küsten. Allerdings verscharren nur zwei davon ihre Brut zwischen Oktober und März vor KwaZulu-Natal – die riesige Lederschildkröte, die bis zu 750 Kilogramm schwer wird, sowie die Karettschildkröte. Deren Legegebiete reichen von St. Lucia bis weit nach Mosambik hinein. Etwa 70 Tage nach Eiablage schlüpfen nachts die jungen Schildkrötchen aus, die es ziemlich eilig haben, ins Wasser zu kommen, um ihren Feinden zu entgehen. Aber auch dort wartet das Übel: Nur eines von Hunderten überlebt seine Jugendzeit. Faszinierend ist die Tatsache, dass die Weibchen 15 Jahre später an den gleichen Strand zur Eiablage zurückkehren,

nachdem sie riesige Entfernungen in den Ozeanen zurückgelegt haben. Wesentlich bodenständiger geht es im 85 Quadratkilometer großen Lake St. Lucia zu, der mit Tausenden Krokodilen und Flusspferden die größte Dichte der beiden Spezies in ganz Südafrika versammelt. Dazu bevölkern 526 gezählte Vogelarten die riesigen Feuchtgebiete, was Vogelfreunde und Ornithologen aus aller Welt anreisen lässt.

Lebendes Fossil: Coelacanth

Ökologen und Wissenschaftler arbeiten hier an unzähligen Forschungsprojekten. Mit einem Tauchboot kurvten natürlich auch schon Mitarbeiter des Max-Planck-Instituts durch die Tiefen, um dem lange Zeit als ausgestorben geltenden Quastenflosser-Urfisch auf die Spur zu kommen. Das Alter dieser besonderen Spezies wird auf 410 Millionen Jahre geschätzt. Erst 1938 wurde zum ersten Mal ein Exemplar im Indischen Ozean entdeckt. Inzwischen ließen sich an die 200 dieser lebenden Fossilien an verschiedenen Orten der Welt einfangen. Nicht ohne Stolz zählt die iSimangoliso Wetland Park Authority seine ökologisch und landschaftlich kostbaren Juwele auf: Kosi Bay, an Südafrikas Nordgrenze zu Mosambik gelegen, mit vier Seen und einem Netz an Kanälen Ziel von Schnorchlern und Fischern; Lake Sibaya, Südafrikas größter Südwassersee, mit KwaZulu-Natals zweitgrößter Population an Krokodilen und Flusspferden; Sodwana Bay, als eine der besten Tauchgründe weltweit; uMkhuze, eine westliche Ausstülpung der Wetlands, gehört Leoparden, Breitmaul- und Spitzmaulnashörnern, Wildhunden, Geparden, Elefanten

und Giraffen; Lake St. Lucia füttert seine Reptilien mit Flamingos, Pelikanen und Wildenten. Nach Einbruch der Dunkelheit steigen hier 1300 Fleischkolosse aus den flachen Gewässern, um auf den umliegenden Grasflächen zu weiden, wo sie allnächtlich Tonnen an Grünzeug vertilgen. Tagsüber aalen sich die Hippos dann im kühlenden Wasser, das ihre Exkremente dankbar aufnimmt und an Zehntausende Fische in Form von Nährstoffen weitergibt, was rund 2000 Krokodile freut. The Narrows, ein enger Kanal, verbindet den riesigen Binnensee mit dem Indischen Ozean, gespeist wird er durch fünf Flusssysteme, die sich von den westlichen Savannen ihren Weg ins Mündungsgebiet suchen. Der St. Lucia Wetland Park, erklärte Nelson Mandela zur südafrikanischen UNESCO-Perle, sei der einzige Ort auf dem Globus, »wo sich das älteste Landsäugetier (Nashorn) und das größte (Elefant) ein Ökosystem teilen mit dem ältesten Fisch (dem Quastenflosser *Coelacanth*) und dem größten Säugetier der Meere (Wal)«

sowie dem gefräßigsten und gruseligsten Reptil, wäre hinzuzufügen, dem Nilkrokodil, das eine Länge von bis zu sechs Metern erreicht.

Die Hauptstadt der Wetlands

St. Lucia fungiert als zivilisatorischer Kulminationspunkt in der Mitte der Wildnis: Zahllose Bed-and-Breakfast-Pensionen, Hotels und Lodges bringen 4500 Gästebetten auf die Beine, alle Campingplätze zusammen noch einmal 2500. In deren Kielwasser profitieren Dutzende Restaurants, Kneipen, Cafés, Souvenirshops sowie zwei gestandene Supermärkte von den Fremden. Tour-Veranstalter haben Walbeobachtung, Hochseeangeln, Nilpferd- und Krokodil-Kreuzfahrten, Öko- und Schildkrötentouren im Programm, Outdoor- und Safari-Ausrüster teilen sich die Kundschaft mit Käufern von Zulu-Kunsthandwerk, wenn die nicht gerade auf einem der beiden bildschönen Golfplätze in der Nähe St. Lucias den Abschlag zwischen Krokodilen und Hippos üben.

MINDESTENS EIN DUTZEND

Die Bezeichnung *The Big Five* suggeriert, dass nur Elefant, Löwe, Leopard, Büffel und das Nashorn zu den gefährlichen und »Großen« zählen. Wer aber den tobenden Fleischkoloss eines wild gewordenen Flusspferdes erlebt, das mit seiner aggressiven Muskelmasse und den rasiermesserscharfen Zähnen zu den wütendsten Wildtieren Afrikas gehört, wird das irreführende Zahlwort sofort verfluchen. Auch Nilkrokodile sind ebenso riesig wie tückisch, werden bis zu sechs Meter lang, und erst recht Haie, die es besonders an den fischreichen Küsten des Indischen Ozeans umtreibt. Und dann die Wale: Wer bei den ganz Großen die bis zu 60 Tonnen schweren und 18 Meter langen Meeressäuger vergisst, hat die absolute Nummer eins der ganz Großen vergessen.

WEITERE INFORMATIONEN ZU ST. LUCIA

iSimangaliso Wetland Park Authority: www.isimangaliso.com
Übernachtungs-Tipp: »Bhangazi Lodge«, (deutsche Leitung), www.bhangazi-lodge.com

Zwei Zulu-Jungs posieren stolz vor ihrem Fischkraal in Kosi Bay: Die Strömung treibt ihnen den Fang in die Reuse.

45 | Kosi Bay

Märchenseen am Indischen Ozean

Versteckt an der Grenze zu Mosambik liegt das Kosi-Bay-Naturreservat mit den vier Seen Sifungwe, Mpungwini, Nhlange und Amanzimnyama. Die unaussprechlichen Wasserparadiese liegen dicht beieinander und sind nur durch einen schmalen Dünengürtel vom Indischen Ozean getrennt.

Von hier bis hinunter zur Sodwana Bay erstrecken sich die südlichsten Korallenriffe der Welt, die von Tauchern heiß begehrt sind. Den maritimen Garten Eden suchen Meeresschildkröten zur Eiablage auf, aber es tummeln sich auch riesige Krokodile, Schildzahnhaie und Flusspferde in den wasserreichen Arealen. Kosi Bay, ein quirliges, typisch afrikanisches Städtchen, liegt 25 Kilometer von der Küste entfernt. Dorthin schafft es nur ein Vierradantrieb.

Für Freunde individueller Enklaven bietet die 44 Kilometer lange Wanderroute des Kosi Bay Trails, der durch pittoreske Feigenwälder und Palmenhaine an den Ufern entlangführt, das richtige Ambiente.

WEBSITES: www.kznwildlife.com
KOSI BAY INFO: www.maputaland.net

46 | Meer, Sand und Stille: Sodwana Bay

Abgelegenes Paradies für mutige Wassersportler

Sodwana Bay National Park besteht aus einem Küsteneinschnitt des St. Lucia Wetland Park und verheißt aufgrund seiner schwierigen Zufahrt Sand, Meer und Abgeschiedenheit.

Südafrikanische Taucher und Sportfischer, die gut ausgerüstet in schweren Geländewagen mit Bootsanhängern anrücken, lassen sich davon nicht abhalten und sind im wenig frequentierten Sodwana-Zipfel, dem weltweit besten Platz für Barrakuda, Marlin und Königsmakrele, beinahe unter sich. Während der Ferienzeiten kann es auch im entlegensten Naturparadies schon mal enger werden, wenn zunehmend Städter aus Durban heraufkommen, um sich von der anstrengenden Millionenmetropole zu erholen.

Nördlich von Sodwana Bay liegt mit Lake Sibaya der größte natürliche Süßwassersee des Landes, an dessen Ufern Krokodile, Flusspferde, Schakale, Riedböcke und Hunderte von Vogelarten ihre animalische Vorstellung geben.

WEBSITES: www.kznwildlife.com, www.coraldivers.co.za, www.sodwanadiving.co.za

Den Traum solcher Küsten erschließt ein halbes Dutzend Unterkünfte.

47 Mkuze Falls

Zwischen viel Federvieh und hungrigen Raubkatzen

Einen überraschenden Zwischenstopp an der Strecke N 2 zwischen Krüger-Park und Durban ermöglicht das 36 000 Hektar große Mkuze Game Reserve, das zwischen glitzernden Wetlands, trockenem Buschveld, vegetationsstrotzenden Flusslandschaften und grasbewachsenem Hügelland ein ideales Territorium für Wildtiere bildet. Über 400 Vogelarten bevölkern dieses wenig bekannte Naturparadies, darunter Spechte, Webervögel, Geier, Störche, Sekretäre, Eulen, Moorhühner, Kingfisher, Hornbills, Falken sowie zahlreiche Adlerarten. Zu den Big Five kommen Krokodile, Flusspferde, Zebras, Gnus und Giraffen sowie Antilopen als Raubkatzenfutter dazu, weshalb das bereits 1912 gegründete Reservat zu den Höhepunkten einer KwaZulu-Natal-Rundreise gehört. Die Luxus-Lodge bietet ein Ambiente aus Reetdächern und Safarizelten, stilechten Badewannen von anno dazumal sowie Außenduschen und Pools. Zum obligatorischen *Gin-Tonic-Sundowner* auf dem Holzplankendeck treten die Wildtiere am Ufer des Mkuze River in Sichtweite wie im Kino an. WEBSITE: www.mkuzefalls.com

Das kaum bekannte Reservat bietet preiswerte staatliche Restcamp-Übernachtungen, aber auch die luxuriöse »Mkuze Falls Game Lodge«.

48 Der Sprung vom Wasserfall

Oribi-Gorge-Naturreservat

Zwischen East London und Durban umfährt die N 2 in einem weitläufigen Inlandsbogen die zerklüftete Küste der Wild Coast. Bei Marburg trifft sie auf die Traumstrände des Indischen Ozeans, die sich südlich von Durban bis nach Palm Beach und Port Edwards erstrecken. Kurz vorher veranstaltet der Umzimkulwana River im Oribi-Gorge-Reservat sein atemberaubendes Spektakel: 400 Meter tief hat sich der Fluss in eine 20 Kilometer lange und fünf Kilometer breite Sandsteinschlucht eingegraben, was mindestens einen Zwischenstopp lohnenswert macht. Mit dichten Wäldern an den Flussufern bietet das 1837 Hektar große Naturschutzgebiet Wanderern mit weitläufigen Pfaden sowie Vogelfreunden mit über 250 Arten ein Refugium. Übernachtet wird in Parkunterkünften oder im »Oribi Gorge Hotel«. Die Abenteuer-Agentur »Wild 5 Extreme« bietet mit dem Gorge Swing einen 100-Meter-Sprung von Lehr's Wasserfall in die Schlucht und damit eine ausreichende Portion für Adrenalin-Junkies. WEBSITES: www.kznwildlife.com, www.oribigorge.co.za

Atemberaubend schön ist die Schlucht am Umzimkulwana River.

49 Traum an der Küste: Thonga Beach

St. Lucias privates Paradies

Ein schönes Privileg: Mitten im iSimangoliso Wetland Wonderland den Zuschlag einer privaten Konzession zu ergattern, um eine Luxus-Strandlodge in Traumlage zu bauen. Lake Sibaya im Rücken, die tosende Brandung des Indischen Ozeans, mit menschenleeren Stränden vor Augen, endlosen Sanddünen und farbschillernden Riffen in Reichweite. Damit das innerhalb des (UNESCO-)Nationalparks überhaupt möglich ist, braucht es Profil.

Fünf Sterne: Badenixen am Pool und Bar, reetgedeckte Aircon-Chalets und üppiges Lunch-Buffet. Der wahre Luxus aber ist der Indische Ozean gleich vor der Haustür der Edel-Lodge, mit Traum-Beach und donnernder Brandung.

Hundert Meter oberhalb der Brandung erstreckt sich die liebliche Hügellandschaft der Mabibi Community. Jenseits grün überwucherter Dünengürtel, so weit das Auge reicht. Tausende Küstenbewohner vom Stamm der Tsonga leben hier an der Grenze zum Nationalpark weit verstreut in ihren traditionellen Rundhütten. Manche auch in schmucken Bungalows, wenn ein Familienmitglied im fernen Johannesburg einen Job hat, der Geld ins heimische Paradies bringt. Der *chief* (oder *headman*) der bei Thonga Beach ansässigen Mabibi-Gemeinde heißt Isiah Mdletshe. Ohne seine Zustimmung hätte das Lodge-Experiment nicht realisiert werden können.

Global Player: Ein Dorf spielt mit

Der Deal, mit dem beide Seiten zurechtkommen müssen: 68 Prozent Gemeindeanteil am Lodge-Betrieb, 80 Prozent an der Belegschaft, 100 Prozent an Grund und Boden. »Unser Dorf verdient mit«, lautete das Credo des Mabibi-Trusts, der die Rechte und Einnahmen der Mabibi-Gemeinde verwaltet. Ein derartiges *community development project* braucht Zeit. Im Fall Thonga Beach vergingen neun Jahre, bis alle Details zwischen Behörden, Parkverwaltung und der Mabibi-Führung ausbalanciert waren. Eine Herausforderung: Personal auszusuchen, das bei geringem Bildungsstand, dürftigen oder gar keinen Englischkenntnissen und null Ausbildung für den Sprung in die Welt der Fünf-Sterne-Gastronomie willens und auch geeignet ist. Siphiwe Mthembu arbeitet als Barmann hinter dem Tresen. Nach sieben Jahren Highschool ohne Aussicht auf Zukunft kam seine Chance. In seiner sechsköpfigen Familie ist er der einzige, der Bargeld nach Hause bringt. Irgendwann, sagt er, wird er seinen Traum verwirklichen und sich zum *forestry ranger* ausbilden lassen. Zandike

Zikhali ist seit vielen Jahren im Service beschäftigt. Der Job macht sie glücklich, weil sie jeden Abend bei ihrer Familie und den Kindern sein kann. Die Lodge unterhält einen kostenfreien Fahrdienst. Und weil sie noch nie so viel gelernt hat wie im Kontakt mit den internationalen Gästen. Nun hat sie ein Bild von der Welt.

Kleingeld für das Gemeinwesen

Rose Rapotlo hat es nach vier Jahren ins Management geschafft. Sie zählt auf, was das Projekt für ihre Gemeinde sonst noch so alles möglich macht: zum Beispiel die tägliche Schulspeisung. Einmal im Monat werden zu dem Zweck Lebensmittel eingekauft, die Köchinnen stehen auf der Gehaltsliste der Lodge. Brunnenbau, Solarenergie, Spenden für die Schule sowie bezahlte Dienstleistungen aller Art gehören zum Repertoire der Fürsorglichkeiten. Als Nächstes soll ein Museumsdorf mit sechs Rundhütten entstehen, wo sich die Tsonga-Kultur den Gästen aus den fernen Ländern in Form von traditionellen Tänzen, alten Geschichten und Stammesgesängen vorstellt.

Von der komplizierten sozialen Infrastruktur im Hintergrund bekommen die Gäste Thongas nur wenig mit. Außer der Tatsache, dass sie sich von Mabibi-Mitarbeitern rund um die Uhr kompetent und aufs freundlichste betreut fühlen.

Nervenkitzel Hippo und Croc

Zum Beispiel beim Kajakfahren auf Lake Sibaya, in dem es vor Krokodilen und Flusspferden nur so wimmelt. Oder bei den interessanten Besuchen ihrer community, wo sich nicht nur das Alltagsleben der Tsonga besichtigen lässt, sondern auch äußerst herzliche Begegnungen mit den freundlichen, offenen Menschen entstehen. Kaum einer in der Mabibi-Gemeinde, der nicht direkt oder indirekt von der Lodge profitiert. Schnorcheln, Rifftauchen, Hochseeangeln, Walbeobachtungen sowie nächtliche Schildkröten-Strandwanderungen stehen auf der Liste der Aktivitäten, die so manchem Gast völlig überflüssig erscheint: Die Lodge-Bar heißt »Robinson Crusoe«, die Wellnessabteilung »Sea Spa«, und der Blick von den zwölf reetgedeckten Pfahlbauten ist meditativ. Und stahlblau. Das akustische Mantra zur totalen Entspannung liefert die weiß schäumende Brandung des Indischen Ozeans.

MAPUTALAND, ELEPHANT COAST

Seit ewigen Zeiten sind die weiten Gebiete westlich der Küste Maputaland, benannt nach dem einstigen König der Thonga, Mabhudu. Da St. Lucia im Süden nicht dazu zählt, wurde der gesamten Region die neue Markenbezeichnung »Elefantenküste« verordnet. Damit sind die Hauptattraktionen des nordöstlichen Teils KwaZulu-Natals erfasst: Die Traumküste mit Thonga Beach, Rocktail Bay, Sodwana und Kosi Bay, Tembe Elephant Park, St. Lucia und der iSimangaliso Wetland Park, Hluhluwe iMfolozi und Phinda, die Zululand Rhino Reserve sowie zahlreiche kleinere Schutzgebiete.
Website: Maputaland Tourism Information, www.maputaland.net

WEITERE INFORMATIONEN ZU THONGA BEACH

Isibindi Exclusive African Lodges betreibt außer Thonga Beach noch drei weitere Herbergen in der Region sowie eine im Krüger-Park: www.isibindiafrica.co.za

50 On The Rocks: Rocktail Bay

Von Schildkröten, Haifischen und Sardinen

Rocktail Bay zählt zu den besten Plätzen der Welt, um Meeresschildkröten bei der Eiablage zu beobachten und beim spektakulären Ereignis des Schlüpfens. Dazu braucht es Strände ohne Ende, viel Sonne und einen lauwarmen Ozean. Diese Kombination bietet Rocktail Bay im Überfluss. Hinzu kommt Einsamkeit zwischen urtümlichen Dünen bis zum Horizont. Und keine Spuren im Sand.

Zwischen Black Rock, Lala Nek und Island Rock erstrecken sich paradiesische Buchten, in die der Indische Ozean mit gewaltigen Brechern einläuft. In den 1960er Jahren wurde der wilde Zustand der See einem Fischtrawler aus Durban zum Verhängnis, dessen Wrack bei Ebbe seine Aufbauten als Mahnmal heute noch freigibt. Sein Name: »The Rocktail«. Was es heißt, gegen die Urgewalt des Ozeans zu kämpfen, wissen die Spezialisten vom Rocktail Bay Diving Centre zu berichten. Zwei fette 85-PS-Yamaha-Außenborder sind nötig, um das sieben Meter lange Tauchboot durch die Brandung zu bekommen. Dafür wartet draußen mit 14 renommierten Tauchgebieten eines der exklusivsten Unterwasserparadiese, die ebenso menschenleer sind wie die urtümlichen Küstenlandschaften des Indischen Ozeans. Im südafrikanischen Sommer, wenn die Wassertemperaturen bis auf 28 Grad Celsius ansteigen, herrscht unter der Oberfläche eine Sichtweite zwischen 12 und 35 Metern. Es ist die Zeit der Wal-

haie und Schildkröten. Im Winter sinken die Wassertemperaturen auf 20 Grad und die Sichtweite auf bis zu zehn Meter.

Mega-Fisch: Südafrikas Sardinenrennen

Dann kommen die Sardinen. Zigmillionen tauchen urplötzlich in riesigen Schwärmen vor der Küste auf und helfen der Nahrungskette auf die Beine. Riesige Buckelwale ziehen jetzt an der Küste vorbei. Inmitten dieser naturbelassenen Idylle hat sich seit anderthalb Jahrzehnten das südafrikanische Lodge-Unternehmen »Wilderness-Safaris« etabliert und in enger Zusammenarbeit mit Parkbehörden, Naturschützern und der Mqobela-Gemeinschaft ein Joint-Venture-Experiment auf die Beine gestellt. Auf die Fahnen hatten sich die ökologisch orientierten Pioniere die Rettung der Schildkröten geschrieben und die Förderung und Einbindung der ortsansässigen Gemeinschaften. Das Pilotprojekt »Rocktail Lodge«, eines der ersten auf der

Von bildschönen Ausfahrten durch grasgrünes Hinterland, einsamen Ausritten auf menschenleeren Stränden und einer wohltuenden Zweisamkeit an der urwüchsigen Rocktail Bay: Die Strandherbergen »Rocktail Lodge« (unten) und das nahe »Rocktail Beach Camp« haben das richtige Register gezogen.

Für Taucher und Schnorchler ist Rocktail Bay mit vorgelagerten Riffen und einer farbschillernden Unterwasserwelt das ultimative Paradies. Aber auch Reitern auf dem rustikalen Reiterhof der Labaschagnes (oben), wo die Hengste mit den Hippos um die Wette wiehern. Sowie Anglern, die den Ozean ganz für sich alleine haben.

Basis *community based tourism* und Vorreiter für zahlreiche andere Beteiligungsprojekte, wurde über die Jahre so erfolgreich, dass 30 Fahrminuten entfernt ein weiteres Joint Venture das neue »Rocktail Beach Camp« in die dichte Vegetation der Küstenwälder setzte – mit Blick auf das Stahlblau der See, die ihr gleichmäßiges Donnern als sanften Meeressound bis an die Pfahlbauten des Camps schickt.

SMS von der Schildkröte

Noch immer sind Schildkröten das Hauptthema in Rocktail Bay. Natürlich, weil es um Artenschutz geht. Aber auch, weil es ein ganz besonderes Naturspektakel ist, wenn bis zu 750 Kilogramm schwere Meeresschildkröten aus dem Indischen Ozean auftauchen, um am Strand ihre Löcher in den warmen Sand zu buddeln. Zwecks Eiablag, was gewöhnlich zwischen November und April stattfindet. Erst recht bewegend dann der Moment, wenn die Kleinen nach zwei Monaten aus ihren Schalen schlüpfen, um sofort in das wackelige Rennen zum vermeintlich rettenden Wasser zu starten. Die Feinde warten schon, überall, weshalb ein nur geringer Prozentsatz der jungen Panzerträger überlebt. Vor allem die Lederschildkröte verdankt ihr Dasein ausschließlich engagierten Naturschützern. Eine große Rolle spielte das »Rocktail Bay's Turtle Monitoring Project«, mit dem Wissenschaftler seit 1963 zum Erhalt der vom Aussterben bedrohten Tiere beitragen. Gäste der Rocktail Bay Lodges können mithelfen, indem sie eine Schildkröte »adoptieren«. Von den Spenden werden *turtle scouts* bezahlt, die während der Brutzeit

Strand und Gelege bewachen, sowie Satellitensender, die den Weg der Schildkröten verfolgen, auch wenn die riesigen Tiere unterwegs bis zu 900 Meter tief abtauchen! Wann immer eine der Adoptierten gesichtet wird, erhalten die »Adoptiveltern« Nachricht über den Standort per E-Mail. Näher kommen kann man seiner künftigen Adoptiv-Schildkröte durch abendliche *turtle drives*, die auf einer Strecke von 60 Kilometern stattfinden. Für die Scouts eine allnächtliche Routine, die zum Schutz der Tiere alle bekannten Schildkrötengelege aufsuchen, und neue aufspüren. Zahlende Gäste, die mitfahren, finanzieren mit der kostenpflichtigen Teilnahme das Projekt.

Deutsche und Zulus

Ein Joint Venture ist auch Gugulesizwe, was auf Zulu soviel bedeutet wie »Stolz der Nation«. Wilderness-Experten in Zusammenarbeit mit der Gesellschaft für Technische Zusammenarbeit (GTZ) in Eschborn bei Frankfurt stellten dieses Unternehmen auf die Beine. Es schafft der hier ansässigen Mpukane-Gemeinschaft dringend benötigte direkte und indirekte Arbeitsplätze und ein bescheidenes Einkommen. Stolz ist der Vorsteher des Zentrums, Eugene Tembe, auf das mithilfe der Deutschen entstandene *cultural village*. »Sie haben nichts, was sie sonst tun können«, sagt er, »in der weit abgelegenen Region. Die Böden sind karg. Nur der Tourismus bietet eine Chance.« Jetzt kommen neugierige Gäste der Lodges, um rituelle Tänze zu erleben und Kunsthandwerk aus der eigenen Produktion zu kaufen und um zu übernachten. In traditionellen Zulu-

Rundhütten, den typischen Rondos. Gekocht wird in der Buschküche, der Boma, am lodernden Lagerfeuer, was für Eugene und seine Leute ganz normal ist und den Fremden viel Spaß bringt. Darüber funkelt so brillant wie nirgendwo sonst der Sternenhimmel. Wie Kinderlaternen beleuchten der Stern des Südens und die Milchstraße den bezaubernden Kral. Rings um Gugulesizwe ist nichts als reine Natur. Weit geht der Blick von hier über sattgrüne Küstenebenen – in Stille.

Leben wie im Paradies

Nur das Rauschen des Windes ist zu vernehmen, vor allem wenn die acht Quadbike-Maschinen der chinesischen Bauart Mars 300 CC (die auch zum Betrieb des Kulturzentrums gehören) in der Garage bleiben. Um die pittoreske Kulturanlage auf der Kuppe einer Hügelgruppe attraktiv zu machen, gehören außer geführten Quadbike-Touren auch Ausritte zu Pferde zum Programm. Zurück am urzeitlichen Strand ziehen die Sprühnebelschwaden der Brandung wie in Zeitlupe vor gewaltigen Sandpaketen dahin. Riesenhaft türmt sich der Dünengürtel zu einem dichtbewachsenen Küstengebirge. Dahinter, jenseits der Parkgrenzen, breitet sich der graswachsene Traum des paradiesisch anmutenden Landstrichs der Mqobela- und Mpukane-Gemeinschaften aus. Mit vereinzelten hübschen Anwesen unter mächtigen Baumkronen. An Sonntagvormittagen dröhnen aus putzigen Kirchenbauten heftige Trommelrhythmen, fetzige Gospelchöre schallen durch geöffnete Fenster. In romantischen Gärten sitzen Kinder auf Schaukeln, es sind Bilder wie aus einer anderen Welt.

DIE PFERDEFLÜSTERER – DER TRAUM FÜR REITER

Märchenhaft hört sich die Aussteigergeschichte von Willie und Isabelle Labaschagne an: Ihr modernes Leben in Pretoria haben sie verkauft und mit Zustimmung des *headmans* und der zuständigen Behörde ein großes Stück Land bei Mqobela gepachtet. Auf saftigen Wiesen grasen nun Vollblüter und Araber vor dem rustikalen Giebelhaus und der Pferdehalle mit den Boxen. Gleich neben Flusspferden, deren Grunzen nicht zu überhören ist. In einer Handvoll pittoresker Chalets lässt es sich auf dem rustikalen Reiterhof auch preiswert übernachten.
Website: Maputaland Horse Safaris, www.maputaland.net

WEITERE INFORMATIONEN ZU ROCKTAIL BAY

Wilderness Safaris:
www.wilderness-safaris.com
Safari & Adventure Co:
www.safari-adventure-company.com,
www.rocktailbay.com

Die Landschaften Südafrikas sind ein Traum aus einzigartigen Stimmungsbildern. Das Gleiche lässt sich über die Menschen sagen, die mit viel Charme ihre bezaubernde Rainbow-Nation zusammenbauen.

Register

Impressum

Unser komplettes Programm:

www.bruckmann.de

Produktmanagement: Susanne Caesar, Susanne Kuhl
Textlektorat: Dr. Juliane Braun
Layout: graphitecture book, Rosenheim
Repro: Repro Ludwig, Zell am See
Umschlaggestaltung: Anna Katavic unter Verwendung dreier Fotos von Clemens Emmler
Kartografie: Astrid Fischer-Leitl, München.
Herstellung: Bettina Schippel
Printed in Italy by Printer Trento

Alle Angaben dieses Werkes wurden vom Autor sorgfältig recherchiert und auf den aktuellen Stand gebracht sowie vom Verlag geprüft. Für die Richtigkeit der Angaben kann jedoch keine Haftung übernommen werden.

Für Hinweise und Anregungen sind wir jederzeit dankbar. Bitte richten Sie diese an:
Bruckmann Verlag
Postfach 40 02 09
D–80702 München
E-Mail: lektorat@bruckmann.de

Bildnachweis:
Umschlagvorderseite:
Oben: Strauße in der Karoo
Mitte: Blick auf Kapstadt und den Tafelberg
Unten: Abenstimmung am Cape Alguhas
Umschlagrückseite von links nach rechts: Lanzerac Estate, Nashörner, »Soccer City«.
Seite 1: Ndebele Frauen.

Alle Abbildungen stammen von Clemens Emmler mit Ausnahme von:
Roland F. Karl: S. 42(2), 60 oben, 62, 63, 100(2), 101(2), 102, 103, 109 r.o., 116, 117, 118, 119, 124, 158, 159, 160, 161, 162, 163 dpa picture-alliance: S.78(1), 90 o., 91 (2), 92(3), 93 r.o.
Rovos Rail: S.104, 105

Die Deutsche Nationalbibliothek – CIP-Einheitsaufnahme
Ein Titelsatz für diese Publikation ist bei der Deutschen Nationalbibliothek erhältlich.

Aktualisierte Neuauflage
2010 © 2008 Bruckmann Verlag GmbH, München
ISBN 978-3-7654-4748-8

Zur weiteren Reisevorbereitung empfehlen wir:

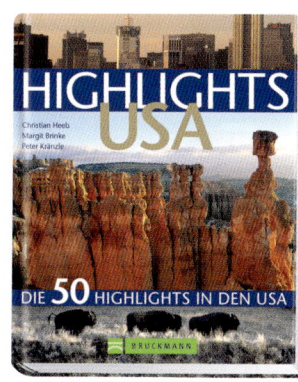